MARÍA RIBALLO

REINA
DE TU VIDA

12 mandatos para vivir

Montena

Papel certificado por el Forest Stewardship Council®

MIXTO
Papel | Apoyando la
silvicultura responsable
FSC
www.fsc.org
FSC® C117695

Penguin
Random House
Grupo Editorial

Primera edición: septiembre de 2024

© 2024, María Riballo
© 2024, Penguin Random House Grupo Editorial, S. A. U.
Travessera de Gràcia, 47-49. 08021 Barcelona
© 2024, Matu Santamaria, por las ilustraciones

Printed in Spain – Impreso en España

ISBN: 978-84-10050-37-2
Depósito legal: B-11.296-2024

Compuesto en Compaginem Llibres, S. L.
Impreso en Rotativas de Estella, S. L.
Villatuerta (Navarra)

GT 50372

A la mujer que más admiro y me
dio la vida; te quiero, mamá

ÍNDICE

INTRODUCCIÓN

¿CUÁNTAS VECES TE PONES TRISTE por un tío que ha estado una milésima de segundo en tu vida? ¿Cuánto has sufrido por lo que podría haber sido? ¿Cuántas lágrimas has malgastado porque no te quiere justo la persona a la que tú quieres? El miedo al rechazo, al abandono y a estar solas parecen monstruos enormes, pero solo son productos de la inseguridad. Su poder no está en ellos, sino en lo que son capaces de hacer con nosotras: convertirnos en personas completamente diferentes a las que realmente somos, unas reinas seguras de sí mismas que confían en su valor y hacen del mundo su pasarela privada.

Los hombres inmaduros, las malas amigas, el trabajo que no soportas y los malos hábitos tienen un efecto en tu vida. No has nacido para que te condenen a la miseria, así que manda todo eso a la mierda y coge este libro. Será la biblia que leas cada mañana para recordarte quién eres y cada noche para seguir impulsándote en tu camino al estrellato. Será el libro que cojas cuando te sientas mal contigo misma, cuando el tío con el que estabas tan ilusionada te dé plantón, cuando tu grupo de amigas quede sin ti, cuando quieras arrancarle la cabeza a tu jefe y cuando sientas que no eres suficiente. Cada vez que la vida te lo ponga difícil, este libro será quien te diga: «Puedes con esto y con más, princesa de los mares».

Reina de tu vida es una declaración firme de autonomía y autoafirmación. Habla sobre cómo tener el control de tu reino y reconocerte como la soberana de tu existencia. Puede que no tengas título, pero eres una reina y tu vida es tu reinado. Hasta el último rincón de tu mente y de tu existencia es parte de tus dominios.

Este no es un libro sobre cómo deberías actuar, sino algo que he escrito para impulsarte a rebelarte, para sacar a relucir a esa mujer independiente, empoderada y carismática que llevas dentro. ¿Qué? ¿Que tú no eres nada de eso? *Girl, please.* Siento decirte que te equivocas.

Igual que todos tenemos glóbulos rojos y blancos en nuestro torrente sanguíneo, todas tenemos dentro la capacidad de ser diosas. Serás esa que tú quieres ser, siempre que lo hagas para demostrártelo a ti misma y no a los demás. No para que te quieran, sino para quererte tú. No para gustarle a nadie, sino para gustarte a ti misma. No para cambiar lo que la gente piensa de ti, sino para que eso te dé exactamente igual. Esto no va de fingir ser una reina, esto va de serlo. LO ERES, y quien quiera sentarse a la izquierda de tu trono tendrá que ganárselo.

Las pretensiones son como las mentiras, tienen las patas muy cortas. En cualquier momento se abre el telón y tu «yo» auténtico queda al descubierto. ¿Para qué ponerte una máscara social, para qué fingir ser alguien que no eres, cuando tu esencia ya es majestuosa? Si Cenicienta tenía un 38, no le iba a caber un 37. Sé auténtica, sé de verdad, sé tú. El empoderamiento no va de ganarse la aprobación ajena, sino de encontrar el amor y el respeto dentro de ti misma. Te aseguro que, una vez que tengas eso, será tan evidente que proyectarás esa misma atracción fuera de ti. Es la ley del espejo.

Para poder actuar como una supermujer, hay que serlo, y el camino empieza por creértelo. Olvídate de los *rankings* de la tía más guapa del mundo, la más lista o la más estilosa. Lo único que nos importa es que, para ti, tú eres todas esas cosas. ¿Guapísima? *CHECK*. ¿Listísima? *CHECK*. ¿Una guerrera? *CHECK*. ¿Una diva? *CHEEECK*. Si no te crees la reina de tu reino, ¿qué te queda? No tienes que ser perfecta para nadie más que para ti misma.

Y los días en que, a pesar de todo, te cuesta creértelo, ¿qué? *Don't worry*. Si algo bueno tiene ser mujer es que nunca estás sola, y cuando digo nunca es nunca. Todas tenemos días malos y por eso he querido escribir sobre doce mujeronas de todas las épocas, doce verdaderas diosas que se nombraron a sí mismas reinas de su vida y defendieron su corona a capa y espada, contra dragones y cucarachos. Cada una de sus historias, tan distintas y a la vez tan parecidas en su esencia, te demostrará que no hay enemigo capaz de vencer a una mujer que no duda de sí misma. Yo no soy historiadora, pero no hace falta serlo para valorar las enseñanzas de estas mujeres que nos abrieron camino y que son la mejor inspiración para esos días en que el mundo quiera hacerte flaquear.

Recuerda: eres quien eres, no lo que el mundo haga de ti. Lo que piensen de ti el chico que te gusta, tus compañeros de clase o del trabajo no altera tu esencia. Este es el secreto de una verdadera reina: no se trata de intentar cambiar la percepción de los demás, sino de llegar al punto en que esa percepción no te afecte. Una reina no está hecha para agradar al resto, está hecha para destacar. ¿Crees que los diamantes valdrían tanto si fueran tan comunes como la arena?

Con la corona naces y nadie más que tú misma te la puede quitar. Por mucho que te haya humillado un hombre, una amiga o tu jefe, tú sigues portándola. Solo se tambalea cuando empiezas a agachar la cabeza, cuando te hablas mal a ti misma o permites a los demás tratarte como no te mereces. Y, aun así, nadie tiene el poder de arrebatarte el título. La corona se suelta o se ciñe todavía más a tu cabeza solo con tus propios actos. ¿Por qué será que crecemos educándonos en cómo respetar a los demás, pero no a nosotras mismas? ¿Por qué será que cuando tu madre te dice «recoge la habitación» o cuando tu jefe te pide seis documentos para ayer, lo haces, pero cuando tú te dices a ti misma «no le vuelvo a escribir más» te cuesta tanto mantener tu palabra?

Cumplimos con las expectativas de nuestros padres y jefes porque entendemos las consecuencias. Cuando faltas al respeto a tu madre o a tu jefe, puedes despedirte de la paga o de tu trabajo. No obstante, cuando no cumples las tuyas no hay una consecuencia inmediata externa. Nadie te va a decir nada y tú te autoengañas creyendo que «ahora sí, de verdad», que es «la última vez» que lo haces. Total, no le has faltado al respeto a nadie, ¿no? Ojalá fuera así, pero le has faltado al respeto a la persona más importante de tu vida: tú misma.

Puedes creer que no, pero las consecuencias son graves. Significa que no te tomas en serio y, si no eres capaz de hacerlo, dejarás entrar en tu vida a otros que tampoco lo harán. El mismo respeto que tienes hacia la autoridad de tus padres o de tus superiores debería estar presente en el trato hacia ti misma. De una reina a otra reina: tu valor, tu palabra y tu reinado son una misma cosa. No te traiciones.

Este libro es tu as en la manga para reinar con prosperidad. Tú eres la arquitecta de tu destino y la guardiana de tu propia felicidad. Aprenderás con ojos de lince a identificar y eliminar las influencias negativas y a establecer límites sin parpadear. Irás comiéndote todos los peones y solo cuando avances como una reina te toparás con el rey. Y, esta vez, darás la vuelta al juego y será él quien deba conquistarte a ti.

Quien quiera perjudicar tu reino se enfrentará a tus mayores armas: tu fuerza de voluntad y el respeto y amor por ti misma. Te animo a abrazar tus imperfecciones, que son lo que te hace perfecta, y a verlas como parte de tu singularidad. Eres única, inalcanzable, inmejorable y poderosa tal y como eres. Solo te faltaba este manual para explotar todo tu talento. Cuando cierres este libro, no habrá quien pueda contigo. GO, QUEEN.

MANDATO 1

Harás lo que los demás no esperan de ti

POR LEONOR DE AQUITANIA

*Perder tu esencia para agradar
a los demás es un delito no tipificado.
Ser tú misma y que te importe una
mierda el resto es un estilo de vida.*

LEONOR DE AQUITANIA
(Y SI NO LO DIJO, LO PENSÓ)

¿**CUÁNTAS VECES** has actuado basándote en *deber ser* y no en *ser*? ¿Cuántas veces has actuado por y para los demás, olvidándote de ti? ¿Vives para hacer feliz a la sociedad o para serlo tú? ¿Por qué te arrastras a ti misma por gustarle más al resto? ¿Por qué dejas de *ser*?

Me apuesto lo que quieras a que al menos tres de estos escenarios se te han presentado alguna vez en la vida:

- ♥ Has cambiado/modificado tu personalidad para gustarle más al chico que te gusta.
- ♥ Te has adaptado a modas sociales, como vestir cierto tipo de ropa o marca solo porque la lleva tu círculo social.

- ♥ Has sido literalmente una persona que no eres, para encajar.

- ♥ Has dejado de llevar alguna prenda de ropa que no le gustaba a tu pareja.

- ♥ Has ido a una fiesta/evento al que te daba igual ir, solo porque sabías que iba él.

- ♥ Te has quedado más tiempo en esa fiesta/evento en el que estaba el chico que te gusta solo para alargar la oportunidad de que te haga caso o irte después con él.

- ♥ Te has cambiado el color de pelo para agradar más. («Es que dice que le gustan las rubias...»).

- ♥ Te has frustrado no porque tú no te vieras guapa, sino por creer que los demás lo pensaban. Te has cambiado de ropa, no porque tú no te vieras bien, sino porque tu amiga lo ha sugerido.

- ♥ No has preguntado/dicho algo en público por miedo a equivocarte.

- ♥ Has sentido vergüenza de ti misma cuando has mostrado tu «yo» real a tu pareja o amigos.

- ♥ Has creído muy arriesgado hacer algo solo porque nadie más lo estaba haciendo (como llevar botas en verano, tomarte una copa cuando nadie más la toma...).

- ♥ Has dejado de mostrar partes de ti misma en público porque, cuando lo hacías, la gente bromeaba con que estabas «loca».

💜 Has dejado de hacer lo que te apetecía con un chico por miedo a que te tacharan de «guarra».

💜 No has dejado a tu pareja y has alargado la relación, no por ti, sino por pena hacia él mismo o terceras personas (su familia, la tuya, vuestros hijos en común…).

💜 Has hecho horas extra en el trabajo solo porque creías que te iban a valorar más. Horas extra que, por supuesto, no te acabaron pagando.

💜 Has dejado de hacer lo que querías, por hacer «lo que querían».

La gente siempre va a querer a alguien que pueda manejar a su antojo. Alguien que escasee de personalidad, que no sea muy atrevida y, sobre todo, que esté calladita. Alguien predecible, que siempre haga lo que los demás esperan, que no tome la iniciativa ni levante la voz. Que no te engañen: esos que van de buenos y solo quieren a quien baile el agua son más cucarachos que personas y se pondrán furiosos si les sorprendes yendo a por lo que quieres. No te quepa duda: te criticarán, siempre será así, seas quién seas. Ahora, más vale que te critiquen siendo una reina y haciendo lo que te da la gana, que siendo una sumisa de las exigencias sociales, ¿no?

Eso es lo que nos enseñó Leonor de Aquitania, que fue reina en el siglo XII. Para ser más concretos, fue reina no una, sino dos veces: una de Francia y otra de Inglaterra. También fue duquesa de Aquitania y muchas otras cosas más que no llevan un título nobiliario adjunto, como un pedazo de mujer con un carácter indomable que muchas querríamos tener. A lo largo del tiempo, los historiadores no le han hecho justicia a Leonor: suelen pintarla como una mujer malévola, calculadora, fría y ligera. Vamos, que si Leonor hubiera vivido en nuestro siglo y tuviera Instagram, tendría un montón de trols llamándola «guarra». Por suerte, aquí estoy yo para defender a mi reina. *GIRL, I GOT YOU.*

LEONOR, UNA REINA CON CARÁCTER

En el siglo XII, una época en que la mujer era prácticamente «fruta prohibida», Leonor fue un personaje de muchos escándalos. Nuestra reina no se quedó con el culo pegado al trono, sonriendo y mostrándose cortés, como se esperaba de ella. En lugar de eso, decidió hacer lo que mejor se le daba: ser la reina de su reino y de su vida, mostrando toda la indiferencia del mundo respecto a lo que pudieran decir los demás.

Así fue como causó tanto impacto, sin avergonzarse, sin ajustarse a cánones sociales ni cumplir con lo que se esperaba de una mujer de su posición. Destacó tanto que, *a posteriori*, los historiadores se le echaron encima con la esperanza de que una mujer así no volviera a tomar las riendas de la monarquía. Nadie había visto antes a una mujer con trono y corona sacrificar intereses políticos y lidiar con conflictos entre potencias para velar por los suyos propios. Pero como ya sabíamos, una reina no está hecha para agradar, sino para destacar. Eso contenta a pocos y frustra a muchos, y la duquesa de Aquitania no pudo entender mejor el trabajo.

NADA DE REINAS FLORERO

Para que comprendas un poco el reinado, *aka* la vida de Leonor, te voy a poner en contexto: Leonor nació en Aquitania, Francia, en una época en la que decidir con quién casarte siendo mujer era prácticamente inviable. Ya no digamos si, además, formabas parte de la nobleza. Te podías negar, por supuesto, pero las consecuencias podían ser aún peores que casarte con alguien que tuviese cara de oler mierda o la simpatía de un anfibio. Si eras de familia bien, tus padres ya habían decidido cinco años antes de que nacieras con quién te ibas a casar, y todo por puro interés político. Tenías suerte si, después de la boda, tu marido al menos te hacía algo de gracia o tenía un olor corporal soportable. Justo eso le pasó a Leonor, que antes de nacer ya era todo un caramelito para uniones político-matrimoniales. Así de premeditado fue su primer matrimonio, con Luis VII, rey de Francia.

Cuando te casas por intereses más allá del amor, el matrimonio tiene los días contados, aunque este insistió en alargarse hasta once años. Leonor se casó con trece años. No voy a entrar en la atrocidad que supone casar a una niña de trece años porque me enfadaría demasiado y todavía me quedan unas cuantas páginas por escribir en las que me gustaría seguir manteniendo la cordura. Aunque he de advertirte que la palabra «mierda» va a gozar de reincidencia. Dejémoslo en que las cosas antes funcionaban de manera diferente. En otras palabras; funcionaban como LA MIERDA.

Nuestra querida majestad, tras su recién contraído matrimonio, marchó a la capital del reino francés: París. Podrás pensar: «¡Qué bonito!», pero déjate de historias. En 1137 no existían las Galerías Lafayette ni la Torre Eiffel ni puentes en los que poner un «candadito» del amor; y, aunque los hubiera habido, tampoco es que Leonor estuviera viviendo una película romántica. París era una ciudad sucia y desprotegida, y Leonor no quedó precisamente cautivada por el olor a rata muerta. Pero nuestra reina decidió que las películas de amor no son las únicas historias que merecen la pena, y ella estaba dispuesta a convertir la suya en todo un gran estreno.

UN ESCUADRÓN DE GUERRERAS

Leonor no fue una reina de quedarse calentando banquillo. Tomó partido en muchas intervenciones políticas e influyó muchísimo en las decisiones del rey, a quien siempre se le consideró un hombre débil frente a su amada. Estaba tan implicada en el reinado que incluso llegó a participar en una cruzada junto a Luis VII. Era la primera vez en la historia que se veía a una reina dispuesta a la batalla, y, por si convertirse en la primera mujer-cruzado fuera poco, no iba sola, sino que la acompañaba su propio escuadrón de mujeres, también armadas. A Leonor le importó bien poquito que el papel que se esperaba de ella fuera el de mujer callada y llorosa que aguarda mirando por la ventana a que su marido vuelva de la guerra. ¿Quedarse ella a la sombra? Los papeles secundarios no están hechos para estrellas.

No te quepa duda de que esto fue profundamente criticado. ¿Cómo podía explicarse la presencia de una mujer en una cruzada, y no solo armada, sino además acompañada de un escuadrón de otras tantas mujeres armadas? Estoy segura de que había muchísimos hombres ahogándose en su propia rabia solo de pensarlo. Mientras tanto, todas aquellas mujeres guerreras acabaron siendo la representación de las amazonas. Esto es lo que pasa cuando das el paso y te atreves a convertir una idea en realidad: que HACES HISTORIA. Cuando Leonor y su escuadrón aparecieron en público, se autodenominaron «las guardias de corps de la reina Leonor». No podemos negar que es un buen nombre de grupo de WhatsApp para una despedida de soltera.

QUEEN ENERGY

RECUERDA:

UNA REINA EMPODERA A OTRA REINA.

A veces lo que queremos se aleja tanto del camino establecido que nos llega a parecer algo irreal. Ahora piensa: ¿más irreal que el hecho de que una reina decida desafiar a todo su entorno y sumarse a las cruzadas? ¡Imposible! Olvida lo que crees que es tu papel y lo que los demás esperan de ti, ponte la corona y déjate inspirar por el espíritu de Leonor de Aquitania. Ir a contracorriente puede ser difícil, pero si te atreves a hacerlo, como Leonor, sentarás un precedente y te convertirás en inspiración para la próxima reina.

EN LA CAMA DE LEONOR, MANDA LEONOR

Según dicen, Leonor afirmaba que ella no se había casado con un rey, sino con un monje portador de un título que no le correspondía, lo que nos hace suponer que Luis no era un monarca con sangre en las venas y probablemente tampoco supiese bailar el *Saturday Night*. Quién sabe si por eso a Leonor se la tachó varias veces de infiel en su matrimonio con el francés, aunque bien podrían ser hipótesis escritas con recelo por cronistas a quienes escandalizaba a menudo el comportamiento rebelde de la reina.

Y si hubiera sido infiel, ¿qué? ¿Es realmente infidelidad la que se comete en un matrimonio cuya unión es tan débil como el papel? ¿Es infidelidad la que cometes frente a un marido al que ni siquiera elegiste y con el que te casaron con trece años? *NO ME HAGÁIS HABLAR.*

Por suerte, todo matrimonio insustancial llega a su fin. Aunque Leonor de Aquitania no es que tuviera suerte, sino que se la buscó, cosa que tiene que hacer toda reina en todo momento. Si estás saliendo con un yogur desnatado sin azúcar, no esperes a que caduque para deshacerte de él: hoy mismo es un buen día para tomar la decisión de gozar de tu libertad y abrir tus puertas a encontrar algo mejor.

Un buen día, al llegar a Antioquía, hoy Turquía (sí, hija, no volaban, pero cómo viajaban), la reina comunicó a su esposo la intención de quedarse y no volver a Francia, un país que nunca había sido santo de su devoción, lo que me hace sospechar que por aquel entonces no existían los *macarons* de frambuesa. Luis quiso obligarla a volverse, ante lo cual nuestra reina rebelde no dio el brazo a torcer. «Me quedo en Antioquía, con o sin el acuerdo del rey». Digamos que la tensión fue escalando hasta que Leonor tuvo los ovarios de exigir ante la Iglesia el fin de su matrimonio. Automáticamente dejó de ser reina de Francia, claro, pero ¿sabes qué siguió siendo? Una mujer libre con las riendas de su destino. Y es que una verdadera reina no necesita estar donde esté su trono, sino donde halla el valor de defender su reino.

UNA REINA ESCOGE SU RUMBO, AUNQUE SE EQUIVOQUE

Dos meses después, Leonor contrajo de nuevo matrimonio con Enrique Plantagenet. Aunque este era más acorde a sus deseos, también era un matrimonio acordado y, como el anterior, viciado por intereses políticos. En este sentido, Enrique era todo un fichaje, pues era duque de Normandía y futuro rey de Inglaterra. Además de eso, era una gran amenaza para el rey de Francia, lo que reavivó aún más la discordia entre Luis VII y el Plantagenet, todo un Real Madrid – F.C. Barcelona de aquellos tiempos.

No era solamente eso lo que enfurecía a Luis. Fruto de la nueva unión, Leonor dio a luz a un niño, mientras que con él solo había tenido dos niñas. Y ya sabéis: un rey siempre va a querer un heredero varón al que pueda sentar en el trono. Esperadme un momento, que voy a buscarle un taburete a Luis, porque, si pretendía enfadarse por cada nuevo hijo de su exesposa, más le valía ir poniéndose cómodo. Después de este primer hijo, Leonor dio a luz a otros siete herederos. Si sumamos los dos que tuvo con el francés, solo le faltó uno para haber montado su propio equipo de fútbol. Quizá, además de pionera en las cruzadas, habría sido la primera entrenadora de fútbol de la historia. La de señores pesados que nos habríamos ahorrado.

En fin, que con todo esto, Leonor llevaba años siendo una buena esposa a los ojos de los criticones, pues había hecho muy buena labor como reina. Sin embargo, esta pareja también acarreaba algún que otro escándalo de infidelidad. El rey tuvo una amante que no se esforzó mucho en esconder, una humillación que la reina decidió no soportar. Como debe ser. Si a una reina no saben darle su lugar, se va, pero, sobre todo, no vuelve (al menos, voluntariamente). Así que comenzó a distanciarse y acabó rebelándose contra el mismísimo rey. Se alió otra vez con su primer marido, archienemigo del nuevo, y con tres de sus hijos varones, que se enfrentaron a su padre. Todo acabó con la paz firmada entre Enrique II, los niños (ya no tan niños) y Luis VII.

¿Y qué fue de Leonor? La jugada no le salió muy bien y quedó prisionera de su esposo, que la mantuvo secuestrada durante quince años, hasta que él murió. En cuanto el rey echó su último aliento, nuestra querida rebelde volvió a ser al fin libre. Leonor fue, y sigue siendo, un personaje histórico y una mujer increíble a la que incluso a día de hoy, nueve siglos más tarde, se considera una de las mejores reinas de sus tiempos. La raptaron en varias ocasiones, dio a luz a diez hijos y estuvo cautiva durante quince años, pero nada de ello fue más fuerte que sus ganas de ser ella misma.

PREPÁRATE PARA LEVANTAR POLVO

Leonor es un claro ejemplo de reina, tanto en el sentido literal como en el figurado, y, cuando tienes la gran suerte de ser una reina, levantas polvo con tu grandeza allá donde pises. Eso a la gente no le agrada y, por ende, intentarán quitarte centímetros como puedan. Pondrán palabras en tu boca y actos en tu figura. Hablarán de ti y podrán pintarte como la peor, la más «guarra», la más «puta», la más «loca». Debes tener la suficiente conciencia y confianza en ti misma y en tu persona como para saber quién eres, y no, no eres esa de la que hablan los envidiosos. Por tanto, sus palabras nos son irrelevantes.

Sabes perfectamente que no eres ninguna de esas cosas, así que no dejes que su juicio salpique el tuyo. Construye un criterio tan potente como el acero. Hay muchas personas que, cuando no saben qué ponerse, se visten de envidia. Un color que les viene como anillo al dedo, pues nunca te van a

DEBES TENER LA
SUFICIENTE CONCIENCIA
Y CONFIANZA EN TI MISMA
Y EN TU PERSONA COMO
PARA SABER QUIÉN ERES,
Y NO,

NO ERES ESA DE LA
QUE HABLAN LOS
ENVIDIOSOS.

encontrar llevando el mismo. Cuando irritas a alguien así, es que algo estás haciendo bien en la vida. En esta sociedad en la que siempre quieren lo que tiene el vecino, ¿te crees que no van a querer tener tus brillantes cualidades? Las quieren, pero, si no pueden tenerlas, no van a aceptar que tú sí las disfrutes.

Te voy a hacer feliz, y te voy a contar el secreto de toda esta gente: están amargados. Son personas que se ven dominadas por sus propios defectos, y que no entienden que tú puedas aceptar tu grandeza y ser feliz con los tuyos. No tienen muchos motivos para estar orgullosos de sí mismos, por lo que necesitan que te sientas mal contigo para sentirse bien ellos. Prefieren hundirte a ti que hundirse en su propia miseria. Lo que no saben es que tú caminas sobre el agua.

A veces estas personas se disfrazan de amigos o de príncipes, pero te aseguro que en cuanto rascas un poco se les ven las antenas de bichejo. ¿O es que irían de la mano contigo a tu tumba? ¿Estarán ahí, contigo, el día que mueras? Probablemente no duren más de unos escasos años en tu vida, por no decir meses. Algunos incluso morirán antes que tú. Así que a vivir tu vida, y que no te importe. Cuando en tu futuro hay grandes cosas, no puedes perder el tiempo en lo diminuto.

TÚ *VERSUS* LOS CRONISTAS DE TU ÉPOCA

Entonces, yo te pregunto: ¿Le va a importar a una reina como tú lo que digan los cronistas amargados de tu época? Debes incluso agradecer que existan personas así, para alegrarte cada día más al recordar que posees la descomunal bendición de ser tú, y tienes la inmensa suerte de no ser ninguno de ellos. Hablarán de tu vida, pero tú prefieres reencarnarte en un percebe a vivir la suya. Esta gente, por encima de todo, ha de darte lástima.

Como de alguna manera tienen que intentar hacerte sombra, creerán que no hay ninguna mejor que sacarte defectos. Leonor tenía cualidades espectaculares que no eran comunes en una reina de su época, y precisamente por ello intentaron desacreditarla. Vieron virtudes en su figura femenina que nunca antes habían visto y sintieron miedo al ver que no podían someter tanto carácter, que no había forma de dominarla y que no podían con ella. Sabían que no había manera de apagar su luz mientras brillara, así que escribieron sobre ella esperando que algún día se la conociera por cómo la habían descrito y no por cómo era de verdad. Pero, una vez más, Leonor reventó todas las expectativas: siendo una mujer tan poderosa y segura de sí misma, no se achantó, demostró al mundo quién era ella de verdad y salió a flote de entre tanta mierda, y hoy se la recuerda como lo que realmente fue.

QUEEN ENERGY

Sé como ella; no les des lo que quieren. No debatas sus falacias. No contestes a sus plegarias. Deja que ellos mismos se den cabezazos contra la pared. Agarra la diplomacia de la mano y sonríe con indiferencia a las chinches rabiosas. A fin de cuentas, tú seguirás siendo quien eres, y ellos seguirán teniendo que rascarse donde les pique, sometidos a sus demonios internos.

ADÁPTATE SOLO A TI MISMA

Dicho esto, vamos a hablar de la importancia de ser tú misma y que te importe una mierda lo que piense el resto. Entre las inquietudes de Leonor no se encontraba ni por casualidad la idea de amoldarse o de dejar de ser quien era para conseguir agradar. Todo lo contrario. Siguiendo sus deseos, provocó innumerables escándalos políticos y no dudó en dejar lo que la hacía infeliz para luchar por lo que quería. Ni siquiera para asegurar la prosperidad de un reino se amoldó a su primer marido, Luis VII, quien, si lo contamos todo, tampoco es que hiciera más que el *FUCKING BARE MINIMUM* para alegrar a su esposa.

Así que Leonor tuvo que tomar las riendas. El reino y todo eso le era indiferente si ella no iba a ser feliz. ¿Crees que Leonor no era conocedora de lo que se decía de ella, o de lo que mucho que alimentaría tales calumnias el hecho de actuar según sus deseos y no según el interés político de un reino? Lo era, y lo hizo igualmente. Una reina no tiene tiempo para preocuparse de lo que vaya a pensar de ella una multitud. Definitivamente: una reina no tiene tiempo para tonterías, ni de carne y hueso, ni habladas ni escritas. *LÉELO OTRA VEZ.*

Tampoco se amoldó a su segundo marido, y su oposición fue tanta que estuvo quince años encerrada por ello. Leonor sacrificó su libertad física por la moral y no dejó de ser ella misma ni un solo momento.

La autenticidad es una virtud que escasea en la sociedad. Estamos acostumbrados a actuar como se espera de nosotros, en función de imposiciones y gustos sociales. Si la moda es ir de rosa, todos irán de rosa. Pero ¿a ti te gusta el rosa? (Esto es solo un ejemplo, claro). ¿Crees que te sienta bien? ¿Es el rosa tu color? ¿O te vistes de rosa porque todos van así? Si crees que el azul te sienta mejor y para tus adentros piensas que el rosa es un color sobrevalorado que no te representa, ¿por qué no te vistes de azul y te dejas de tonterías?

Que a tus amigas les guste una serie y se pasen el día entero hablando de ella no significa que tú tengas que verla. Que en el colegio hablen de una marca maravillosa de ropa que está de moda no significa que tú tengas que vestirla. Que al chico que te gusta le encante escuchar música country no significa que tengas que aprenderte el Top 10 de éxitos de música country en Spotify solo para gustarle más, ni hacerle creer que llevas escuchándolos desde que naciste. Que todas tus amigas casadas vayan a pilates los domingos por la mañana no significa que tú también tengas que ir. Que todas las reinas del siglo XII se sometieran a sus esposos porque «siempre ha sido así» no significa que tú tengas que hacerlo en tu reinado. No quiero decir que todo lo anterior sea malo. La gente es libre de hacer lo que quiera y ser como quiera, sin lugar a dudas. Simplemente deja que el resto sean como quieran. Tú sé maravillosamente *TÚ*.

Haz lo que te haga feliz, lucha por tus intereses. Deja atrás aquello que no te represente. No afines tu rugido y maúlles como gata siendo una leona. No adormezcas tus brillantes cualidades. No te amoldes, no agrades. Seguir corrientes no es marcarlas. Tú estás para originar, como la duquesa de Aquitania, lo auténtico, único y revelador.

A EL AS EN LA MANGA

A Leonor no le tembló el pulso para dejar todo aquello que no iba con ella. Una reina sabe decir «no, esto no va conmigo» cuando no es feliz, y que no le remuerda la conciencia, pues sabe que está actuando basándose en su amor propio y eso jamás será malo. Cuanto más auténtica y más fiel a ti misma, a tu criterio y a tus valores seas, más feliz serás y de más territorios te apoderarás. Déjate *ser* y acabarás con un ala extendida sobre cada hemisferio.

MANDATO 2

Serás la reina del quiero y puedo

POR CLEOPATRA

El lujo, la belleza y la inmensurable inteligencia no tienen nada que hacer contra la actitud, querida.

CLEOPATRA

L A FRASE *«fake it, until you make it»* tiene una parte de verdad y otra de mentira. Te explico:

Puedes falsear lo que quieras sobre ti misma, falsear que eres más rica, guapa o inteligente que el resto. Para fingir ser más rica puedes llevar objetos caros y exclusivos, aunque los hayas alquilado o sean simples copias. Para fingir ser más guapa puedes echarte veinte kilos de maquillaje y transformar completamente tu rostro para que sea lo más armónico posible dentro de los cánones de belleza actuales. Para fingir ser más inteligente te vale con tener buena memoria y aprender datos irrelevantes y poco comunes, que luego soltarás en conversaciones para intentar dejar a la gente atónita con tu brillante cultura. A ojos de la gente puede funcionar. Pero nunca será verdad.

Llegarás a casa y te desmaquillarás, tendrás que madrugar al día siguiente para ir a devolver todas las prendas lujosas que habías tomado prestadas y, después del primer café de la mañana, te darás cuenta de que ya no podrás reutilizar los datos que te aprendiste ayer, porque en vez de culta parecerás repetitiva. ¿Y todo esto para qué? Para que la gente se piense que eres alguien que no eres. Perdona, más bien es para seducir a los demás siendo alguien que tú misma no crees ser. Pero ¿y qué más da si no tienes para comprarte un bolso de lujo? ¿Qué importa si no tienes la nariz perfecta de filtro de Instagram que todo el mundo pide a su cirujano? ¿Te crees que una nariz «bonita» echa mocos de pepitas de oro? Pues no, son igual de verdes y asquerosos que los tuyos. ¿Crees que dentro de un bolso caro estará el hombre de tus sueños? No, querida. Si tienes para comprarlo, fenomenal, disfrútalo, pero ese bolso no te hace más, igual que no comprarlo tampoco te hace menos. Esta es la parte de mentira de la frase.

La parte de verdad, con la que tienes que quedarte, es la de MAKE IT. Te sorprenderían las maravillas que eres capaz de hacer si crees ser quien tú quieres ser. No te miento si te digo que pasarás de humana a diosa. Esto no empieza por querer ser rica y llevar un Louis Vuitton falso (ni verdadero), o querer ser más guapa y pintarte como una puerta. Si quieres ser rica, empieza por dejarte de tonterías, confiar en ti, saber que eres capaz y ponerte a ello con esfuerzo. O, si quieres ser más guapa, por mirarte todos los días al espejo para decirte lo preciosa, sexy y maravillosa que estás, por mucho que en ese momento no sepas verlo. Igual no se te operan los labios por arte de magia mientras duermes, pero te acabarás sintiendo la persona más preciosa del mundo.

Vamos, la lotería no te toca milagrosamente si antes no te has levantado del sofá, te has vestido, te has calzado los zapatos, te has peinado el pelo de mofeta que se te había quedado y has salido de casa para comprarte el décimo. Ha requerido un esfuerzo, mínimo, pero se ha necesitado, y gracias a él, has ganado la lotería. Esto es igual. Si quieres sacar de tu interior la diosa que eres, vas a tener que esforzarte en ti, en tu seguridad y en tu autocuidado. Tendrás que aprender a confiar en tu inmensa capacidad para cualquier cosa, en tus habilidades, en tus virtudes y, sobre todo, en que ya eres esa persona que quieres ser. Tienes que creer en ti. Simplemente estás inmersa en el proceso. Esa versión de ti a la que aspiras ya eres tú, ya existe en un futuro, solo estás caminando hacia ella y, como el décimo de lotería, no se compra sola.

Eso nos enseñó Cleopatra, reina de Egipto en el siglo I a. C. y una de las mujeres más famosas de la historia por su inigualable belleza e intelecto. Una reina de carne y hueso, que la historia se ha encargado de recordar como una diosa. Pero los logros de Cleopatra van mucho más allá: también se la reconoce como una de las pioneras del arte de la seducción, y por ser una mujer muy promiscua *PRETENDS TO BE SHOCKED*. Que sepamos, no hay pruebas de que Cleopatra haya tenido más de dos parejas sexuales, pero, aunque hubiera tenido cincuenta veces más, ¿qué más daría? Yo prefiero destacar sus más de veinte años de reinado, que levantó económicamente tras la enorme quiebra a la que lo había arrastrado su padre al morir. Por no hablar de su inteligencia política y emocional, capaz de seducir tanto tierras como mentes y gobernarlas hasta su muerte.

CLEOPATRA, LA PRIMERA *QUEEN* EN SERVIR COÑO

¿Y si te dijera que Cleopatra no tenía exactamente unas facciones que se adecuaran a los estándares de belleza? ¿Y si te dijera que tenía una nariz y un mentón prominentes, además de unos labios finos? Nuestra reina no era de nariz pequeña y respingona, ni tenía unos labios precisamente voluminosos. Medía poco más de metro cincuenta y, además, tenía un ligero sobrepeso. No era una supermodelo según los estándares de nuestra época, y hay muchos historiadores que dicen que quizá tampoco lo fue en el momento en el que vivió. Pero ¿dejó por ello de ser considerada una de las mujeres más guapas y atractivas? No, y ¿sabes por qué? Porque ella misma se consideraba así. Ella creía que era irresistible, única e inigualable. Y así fue.

No sabemos cómo era exactamente el rostro de Cleopatra; lo único que conocemos son sus rasgos principales. Pero bastó con que ella se considerase una diosa para que, a día de hoy, aun sin tener una imagen concreta de su físico, siga siéndolo. Por más o menos guapa que fuera, los responsables de que Cleopatra causara un impacto tan firme no fueron solo su cuerpo o su cara. Tenía presencia. Fuera adonde fuera, era puro magnetismo, no había ningún deseo que se le resistiese.

La voluntad de esta reina era inquebrantable. Viéndose sobrehumana, lograba poetizar todo acto que saliese de su cuerpo y toda palabra que escapara de su boca. No nos podemos hacer a la idea de la cantidad de personas que deseaban poder respirar el mismo aire que ella y que perdían la cabeza por su atractivo. Si Cleopatra hubiera vivido en nuestro siglo, Netflix le habría pagado una millonada por su *reality*, porque resultaba imposible apartar la mirada de ella. Y, fíjate, seguro que había mujeres más guapas que ella según los cánones de belleza, pero ninguna era Cleopatra. Era única, y como una sirena, te persuadía para entrar al agua con ella. Sin quitarle mérito a su físico, podríamos decir que su arma más poderosa era su habilidad para desenvolverse, su actitud, su carisma. Podrás pensar: ¿y cómo se consigue eso? Pues como hizo nuestra reina: confiando en ti misma.

CONQUISTADORA DE MUNDOS (CON UNA MIRADA)

Cleopatra tuvo dos amantes muy reconocidos. Ambos eran hombres exitosos en su época, y ninguno de los dos pudo resistirse a la magia de este pedazo de reina. Julio César fue el primero, y él, el hombre más poderoso del momento, veía a Cleopatra como una mujer espectacular en todos los ámbitos. Cuando sabes que eres una diosa, es imposible que esa seguridad no se apodere de todo tu ser. Tanto César como Marco Antonio, el segundo amor de Cleopatra, cayeron totalmente enamorados de ella. La reina egipcia se cuidaba, se valoraba y se amaba a sí misma tanto que se podría decir que estaba enamorada de sus propias cualidades. Puede que César y Marco Antonio quisieran pasar a la historia como los mejores amantes de su reina, pero reconozcámoslo, chicos, si alguien fue el verdadero amor de Cleopatra fue ella misma. Gracias por participar y suerte para la próxima vez.

La predisposición de Cleopatra a priorizar sus propios deseos ante cualquier hombre era algo que los cautivaba todavía más. Julio César y Marco Antonio eran dos hombres a los que les bastaba chasquear los dedos para tener a la esposa que se les antojara, y por eso encontrarse con una mujer que los dejaba sin aire, pero que, además, no daba su brazo a torcer, rompió todos sus esquemas. Vamos, que se les caía la baba allá por donde ella pasaba.

QUEEN ENERGY

Cuanto tengas un día malo, recuerda que lo más importante es volver a ti, a las cosas que te hacen especial y única. El autocuidado es una de las herramientas clave para convertirte en una reina. Quiérete, mímate y trabaja en ti porque eres el proyecto más importante de tu vida. Tú eres la reina de tu vida y sin reina, no hay reinado.

SIEMPRE DIVA NUNCA INDIVA

La realidad es que a Cleopatra le interesaban los dos, pero tanto ella como ellos sabían que no se moría ni por el uno ni por el otro y que, estuviera con quien estuviera, iba a seguir siendo la misma mujer empoderada que era. El *real catch* era Cleopatra, y ella lo sabía. Por eso no tenía miedo de perder a ninguno, ni sentía impotencia al intentar conquistarlos, porque tenía claro que ella no era ninguna opción, ella era la prioridad. El drama real al que ellos se podían enfrentar era el de perder a una mujer no solo inigualable, sino también consciente de su valor y, por ende, con el poder en sus manos. ¡BRAVO! Todo lo que deberíamos aspirar a ser.

Nuestra reina no se quedaba corta en cuanto a lo extraordinario. Sabía perfectamente lo que hacía en todo momento, y cómo hacerlo a lo grande para dejarlos a todos boquiabiertos. Su primer encuentro con Julio César fue de *queen* total. El hermano de Cleopatra no la dejaba reunirse con él, y ella, por supuesto, no se iba a quedar de brazos cruzados. ¿Poner su voluntad en manos de un hombre? Jamás. Cleopatra tenía una misión que cumplir: tenía a un general romano que seducir y no había hombre en el mundo que la fuera a parar. Así que, sin más preámbulos, se las ingenió para salir de donde se encontraba. Vestida con sus mejores galas, se enrolló dentro de una alfombra real y mandó que se le entregaran como regalo al general, que se encontraba también en Alejandría. Al llegar el curioso presente a los aposentos de Julio César, la alfombra se desenrolló y dentro de ella se encontraba una diosa de veintiún años, la reina de Egipto. ¿Se te ocurre una entrada más de estrella? Solo con abrir la boca y soltar dos frases, Cleopatra tenía el trabajo hecho: él ya se había enamorado de ella.

DESCENDIENTE DE LA MISMÍSIMA AFRODITA

Esta fue solo la primera de muchas, claro está. Cuando César murió y Marco Antonio se encontraba en Turquía, convocó una reunión con Cleopatra. Pretendía que se humillara ante él por los inconvenientes políticos que Egipto le había generado a Roma, pero eso es porque no conocía a nuestra *queen*. Pues no, mi ciela, una reina no se agacha ante nadie. La aparición que maquinó Cleopatra fue incluso más impactante que la anterior. Cuando él creía que iba a postrarse y pedir clemencia, se dio con un canto en los dientes.

La reina egipcia apareció en un barco con la proa de oro y velas púrpuras que navegaba por el río Cydno, acompañada de música etérea, mujeres vestidas de ninfas y figuras mitológicas. Iba en la cubierta, posando como Afrodita y rodeada de sirvientes engalanados como cupidos que la admiraban. Menos mal que el otro no apareció en chándal y deportivas. Se dice que hasta hizo creer a Marco Antonio que era descendiente de la diosa, cosa que él no se atrevió a poner en duda: ¿cómo una mujer como Cleopatra no iba a descender de la diosa Afrodita? Lo sencillo para los sencillos, lo grandioso para las grandes. No hay más que decir. Marco Antonio no tardó más de un segundo en quedar totalmente enamorado de la diosa.

CREE Y CONFÍA EN TI

Sé que estás fascinada con la *queen energy* de Cleopatra, pero no te creas que una nace así. Esta aura divina y esta confianza en una misma requieren un trabajo interior constante que hasta

Cleopatra tuvo que hacer. Su infancia no fue fácil, ni mucho menos nació en un ambiente de confianza. La intentaron traicionar en varias ocasiones, incluso antes de hacerse reina de Egipto, y su hermano planeaba su muerte día sí y día también. No obstante, ella, astuta, sabía sacarse las castañas del fuego.

A pesar de que no podía fiarse ni de su propia sombra, Cleopatra logró confiar en ella misma para enfrentarse a cualquiera que se interpusiera en su camino. No necesitaba a nadie que confiara en ella, porque lo hacía solita con tanta fuerza que acabó haciéndose con el trono como reina independiente de Egipto. Un reino que, además, estaba prácticamente en crisis económica, y que levantó con un meñique.

Nuestra reina empezó siendo una belleza ordinaria, atacada por las críticas de la gente en un reino en quiebra, para acabar convirtiéndose en una de las figuras más conocidas de la historia, dueña de una belleza de otro planeta y de una astucia e inteligencia más que notables. Cleopatra veía en ella misma todo lo anterior, sabía perfectamente quién era y solo tuvo que abrirle los ojos al mundo para que se dieran cuenta de ello.

TÚ ERES Y SERÁS QUIEN QUIERAS SER

La receta no tiene misterio: cree y confía en tu persona. Visualízate como la diosa que eres. Aunque de primeras parezca difícil, has de hacerlo. Has de ver en ti todas las maravillosas cosas que llevas dentro y sacarlas a la luz. *PONTE LAS PILAS, QUEEN*: tú misma las dictas, tú misma creas tu realidad. ¿Crees que eres mala en matemáticas? Deja de creerlo, me apuesto lo que quieras a que, si empiezas a convencerte de que en realidad no se te dan tan mal, podrías hasta dominarlas. ¿Crees que se te da mal el tenis? Yo no estoy tan segura. ¿Cuántas veces has jugado como para poder contrastarlo? ¿Crees que no eres para tanto? Empieza a verte como una *sex symbol* y te encontrarás con que cada día habrá una persona más diciéndote: «Chica, ¡estás guapísima! ¿Qué te has hecho?». Tú y yo sabemos que la respuesta es «quererme más», pero, por supuesto, no vamos a desvelar el secreto.

Una vez que comiences a creer que te puedes comer el mundo, que eres una reina, una diva, una diosa o todas esas cosas a la vez, verás que ningún mortal puede detenerte, porque los plebeyos no tienen nada que hacer contra las diosas. Si antes te sentías incómoda, ahora empezarás a ser la dueña de los cuatro rincones de la habitación. Si antes el chico que te gustaba no te quería, ahora deseará que le des otra oportunidad que, por supuesto, no le concederás ni en sueños. Si antes sacabas un dos en matemáticas, ahora sacarás un siete. Si antes te sentías la mas estúpida del lugar, ahora te darás cuenta de que todo eso estaba sobrevalorado. Si antes dudabas de lo que merecías, ahora sabes que no te conformarás con menos de una corona diseñada a medida para ti. Lo que antes te parecía extraordinario, ahora te parece lo normal, porque es lo que te mereces, cosas extraordinarias. Solo tienes que ser consciente de lo increíble que eres.

QUEEN ENERGY

Pueden planear tu caída incluso antes de que reines, pero nunca podrán llevarla a cabo. No podrán contigo porque, quien nace siendo reina, siempre lo será. Con esfuerzo comenzarás tu reinado y con esfuerzo lo mantendrás. Saldrás de cualquier inconveniente remando en un barco con la proa de oro y posarás como una antigua diosa griega frente al mundo. ¿Y todo esto cómo? Todo esto por confiar y creer en ti.

SOLO SE GANA SIN MIEDO A PERDER

Aunque cueste mantener la seguridad en ti misma, es algo que nunca, repito, nunca debes perder. Pero no le tengas miedo a perder, porque nadie te puede quitar lo que ya es tuyo, lo que eres, lo que corre por tus venas, lo que has atraído con tus cantos de sirena. Lo que quiero decir es que nunca te rindas. Que una persona te vea fea no quiere decir que ya no seas guapa. Que hayas suspendido un examen de ocho no quiere decir que seas tonta. Que tengas doce céntimos en tu cuenta bancaria no quiere decir que jamás vayas a tener un millón. Nunca te limites, el límite no existe; nunca vas a llegar a él porque no lo hay.

Eres capaz de literalmente cualquier cosa: de sacar un diez, de que te asciendan al mejor puesto de tu oficina, de ganar la lotería, de enamorar al chico que te gusta, de sentirte como la mejor versión de ti misma, de sacar un *single* que vuelva a todo el mundo loco, de aprender nueve idiomas, de salir en televisión, de vestirte de Prada... De absolutamente cualquier cosa. El miedo te limita, te pinta una línea y te dice: «Por aquí no, por aquí no pases», y tú le tienes que decir: «Anda, tonto, si te encanto».

Confiando en ti misma te camelarás hasta al miedo, se enamorará tanto de ti que dejará de existir para no opacar tu luz. Ya no solo entenderá que no puede contigo, sino que te verá tan imparable que esa línea que pintó parecerá la estela de una estrella que murió millones de años atrás, y tú a su lado serás el sol más jodidamente grande de la galaxia: ardiente y en su mejor etapa.

Solo cuando Cleopatra empezó a tener miedo de perderlo todo, después de que le dieran la noticia de que Marco Anto-

EL MIEDO TE LIMITA,
TE PINTA UNA LÍNEA
Y TE DICE:
«POR AQUÍ NO,
POR AQUÍ NO PASES»,
Y TÚ LE TIENES QUE DECIR:

«ANDA, TONTO,
SI TE ENCANTO».

nio se había quitado la vida tras creer que ella había muerto, se le empezó a complicar la cosa. Intentó seducir a Octavio en una tentativa de no perder su reinado, y dicen que este la rechazó por su nariz, aunque yo me atrevo a pensar que él olió el miedo dentro de ella, y que, como enemigo, no hay olor que pueda despertar más el hambre. Así que, en vez de aceptar su propuesta, decidió darse un banquete y comérsela. Si hay un sentimiento igual de influyente que el amor, es el odio, y Octavio tenía un buen cargamento.

En los últimos momentos de su vida, Cleopatra dejó de confiar en sí misma, se rindió y quiso morir para que la enterraran junto a su amado. Fue algo parecido a la historia de Romeo y Julieta. Si hubiera mantenido esa seguridad que ya había arrastrado durante todos esos años, estoy segura de que su final habría sido diferente. Aun así, siempre la recordaremos como una de las grandes reinas de la humanidad y un ejemplo absoluto a seguir para todas las que hacemos de servir coño una forma de vida.

A ♥ EL AS EN LA MANGA

Cleopatra no hizo de sí misma una diosa, ya lo era; simplemente lo sacó a la luz, como debes hacer tú. Creyó en sí misma sin necesitar que nadie más lo hiciera. Caminaba con la seguridad y actitud de quien posee cualidades increíbles y, como si de un olor se tratara, el mundo se prendó de esa increíble fragancia. Ese olor es tu esencia y, aunque en algún momento **puedas perderlo, siempre debes luchar para recuperarlo**. Lo único que no debes hacer es mezclarlo con el del miedo. No es lo mismo perder algo que tener miedo de perderlo. Siempre puedes recuperar algo que has perdido, pero si vives con el terror a perderlo, el miedo siempre te acompañará, y dejarás de oler a tu impecable esencia para apestar a miedo. Ni a los pies de tu peor enemigo dejes de confiar en ti para rendirte a él.

MANDATO 3

Estarás sentenciada a ser sublime

POR JUANA DE ARCO

Tu criterio ha de ir siempre un paso por delante de ti; no lo sobrepases, pues perderás a quien marca tu camino.

JUANA DE ARCO

(NO SÉ SI LO DIJO, PERO LE PEGA).

TE PRESENTO EL *CRITERIO*, algo que vive dentro de ti, pero que pocas veces tienes en cuenta. Si el criterio se personificase, sería el juez del Tribunal Supremo, alguien sumamente preparado para ejercer su trabajo. ¿Pondrías en duda las sentencias dictadas por un juez tan capacitado como el del tribunal con mayor rango nacional? No lo creo. Entonces ¿por qué pones en duda tu criterio?

Si te fías de la capacidad de alguien a quien no conoces para llevar la justicia más importante de tu país, ¿por qué dudas de ti misma cuando te toca usar tu juicio en un simple día a día? ¿Él sí puede acertar porque está preparado para su trabajo y tú no lo estás para manejar tu vida? Déjate acompañar de tu criterio y podrás pasar de campesina a comandante de un ejército.

A veces, a la hora de poner límites o decir lo que pensamos, nos cortamos por pura vergüenza, por miedo a ser demasiado exigentes, a estar equivocadas o a generarnos una culpabilidad sospechosa. Digo «sospechosa» porque la mayoría de las veces queremos ser más permisibles con el comportamiento ajeno solo para no entrar en conflicto de creencias. Preferimos asumir que la culpa es nuestra por ser exigentes a reconocer que realmente tenemos motivos para serlo. Parece mucho más fácil decirle al tío con el que estás liándote que no pasa nada porque se haya liado con otra, por supuesto que te da completamente igual. Te parece mejor que la situación no cambie y todo siga como estaba a decirle la verdad, que es esta: que tu criterio no permite que te sientas cómoda con sus actos y que, una de dos, o deja de morrearse con otras o se ha acabado. ¿Estaré siendo una exagerada o enfadica? ¿Estoy pidiendo demasiado? ¿Pensará que estoy loca? No estás siendo ni exagerada, ni enfadica, ni loca, lo único que estás siendo es fiel a tu criterio, *GUAPA*.

Este es solo un ejemplo de otros muchos que le siguen. Por ejemplo, no ser capaz de decirle a tu amiga que ha hecho algo mal y te ha molestado o a tu jefe que se está pasando tres pueblos con el trabajo que te manda para el salario que tienes. Si ni tu juicio moral ni tus sentimientos te permiten estar cómoda con una situación, no la fuerces, no te conformes. Hay más tíos, más amigas y más puestos de trabajo. Tu camino al estrellato no se detiene ante nada.

64
♥

¡Que no te convenzan de lo contrario! Que no implanten su criterio dentro del tuyo. ¿Que te dicen: «Pero chica, si no éramos pareja oficial»? Y una mierda. ¿«Tía, es que a mí eso nunca me hubiera molestado»? Dos mierdas. ¿«Si te parece mucho trabajo, tendrías que ver otras empresas»? *TRES MIERDAS*. Solo están tratando de invalidarte porque ellos no han vivido tu situación y, desde su postura, todo es muy fácil. Nos da igual lo que él considere acertado en sus «rolletes» con las chicas, que tu amiga fume de la pipa de la paz y nunca le moleste nada o lo que pase en otras empresas. Es tu vida y tú dibujas tus propias reglas. Tu criterio es una parte muy valiosa de ti, has de hacerle caso porque él sabe dónde están tus límites y, si no están claros, te servirá para reconstruirlos.

Lucha por lo que crees, defiende tus valores a capa y espada como hizo Juana de Arco, una mujer extremadamente admirable, también conocida como la Doncella de Orleans. Con solo diecisiete años fue la heroína de Francia en el siglo XV y, a día de hoy, es recordada como santa de la Iglesia católica. La historia de Juana me conmueve como ninguna otra y es la mayor inspiración para aprender a estar satisfecha con tu manera de obrar y a sentirte orgullosa por saber que lo estás haciendo bien no para los demás, sino para ti misma. Y si tienes que morir agarrada de la mano de tu moral, que así sea. Mira que no la llegué a conocer, por supuesto, pero estoy segura de que habríamos sido grandes amigas.

FIRME A SUS IDEALES Y PELEANDO POR ELLOS

Juana nació en una familia de campesinos en el noroeste de Francia. Nunca le enseñaron a leer ni a escribir, aunque, para sorpresa de nadie, sí la educaron para hacer tareas familiares y quehaceres de la casa. En aquella época tampoco es que se diera por hecho que la clase social campesina necesitara una educación extensa, aunque sí le enseñaron a rezar. Sin embargo, Juana era especial. Cuando todavía era muy jovencita, cumplidos los trece años, tuvo una aparición divina: ante ella se mostró el arcángel san Miguel y, más adelante, empezaron también a aparecérsele santa Catalina de Alejandría y santa Margarita de Antioquía. Si esto pasara en la actualidad, es posible que le diagnosticaran algún tipo de trastorno psiquiátrico, pero en aquella época se interpretaron como pistas que Dios estaba poniendo en su camino para que las siguiera.

En las siguientes visiones, los mensajeros divinos le encargaron algo muy especial: debía ayudar al heredero de la corona francesa, Carlos VII, a derrotar a los ingleses para hacerse al fin con el trono y terminar de una vez con la guerra de los Cien Años. Juana era una simple campesina, pero no te creas que se acobardó. No se iba a quedar sentada en una sillita esperando a que el destino fuese a buscarla, sino que vio lo imposible totalmente posible y se puso manos a la obra para levantar su propio reinado. De simple campesina en un pueblo con mínima relevancia en el reino francés acabó siendo la mano derecha del mismísimo rey; menos mal que no le pidieron superar a su ex.

QUEEN ENERGY

Juana era una mujercita con unos ideales muy religiosos, que siguió con los ojos cerrados hasta el día de su muerte. Yo dudo de que tengas visiones en las que se te aparezcan seres celestiales, pero no es necesario que se te presente la Virgen para que te convenzas de vivir según tus propios ideales. Tú puedes ser tu propia diosa a la que rendir pleitesía y seguir tu intuición y tu criterio pueden ser tu rezo de cada día.

SI HAY ALGO QUE MUEVE MÁS MASAS QUE EL AMOR, ES LA FE

Tras un intento fallido de personarse ante el futuro rey para explicarle que tenía a medio panteón en marcación rápida, volvió a intentarlo un año más tarde, porque una no espera a la suerte, una se la crea. Entonces fue cuando Carlos escuchó atentamente por qué Juana estaba allí: ella le dijo que quería prestarle ayuda para luchar contra los ingleses y que, gracias a eso, acabaría siendo coronado. De primeras, el rey no sabía exactamente qué creer, así que mandó evaluar a Juana y, tras muchos interrogatorios y pruebas hechas por teólogos importantes, Carlos vio que no tenía nada que perder. La potencia francesa estaba en un momento crítico y necesitaba precisamente un milagro. Ella misma dijo que probaría su veracidad recuperando la ciudad de Orleans, y allí la mandaron.

Vestida con ropa de hombre y el pelo corto, Juana partió hacia Orleans y se mezcló con el ejército. La lucha duró cuatro días. Todos los soldados se sentían respaldados por el mismísimo Dios, algo que impulsó la fuerza y el coraje que emplearon y, como nuestra joven visionaria había prometido, Francia pudo cantar victoria, liberando al fin la ciudad del bando enemigo. Lo que la enviada divina había dicho resultó cierto, así que empezó a ser famosa por todo el reino. De aquí en adelante ya no era Juana, sino *la Pucelle d'Orleans*, que es un nombre bastante más estiloso y a su altura que un simple Juana, para qué nos vamos a engañar. Después de recuperar otros tantos territorios, en la época de verano, Carlos fue coronado delante de las narices de nuestra doncella, literalmente como ella había predicho. ¿Hace falta que recuerde que cuando pasó todo esto tenía solo diecisiete años?

EL MILAGRO MÁS MENOSPRECIADO DE LA ÉPOCA

Si no llega a ser por Juana, ni Francia habría recuperado tantos territorios a los ingleses, ni Carlos VII habría sido coronado. Ella fue el vivo retrato de un milagro. Cuando Francia estaba al borde del precipicio, Juana echó el brazo y levantó todo un reino. ¿Cómo le agradecieron semejante cosa? Dándole la espalda.

Cuando los ingleses todavía tenían París cautivo y el rey francés organizaba la reconquista, nuestra doncella le aconsejó que ejecutara el plan cuanto antes, pues si lo retrasaba por miedo a que no fuera exitoso, los ingleses lo verían venir y se atrincherarían en la ciudad, haciendo imposible su recuperación. ¿Qué ocurrió? Pues evidentemente lo que pasa siempre que un cucaracho se niega a escuchar a la tía brillante que tiene al lado. Ocurrió justo lo que Juana quería evitar: retrasaron la lucha y cuando atacaron ya era demasiado tarde. Hacía tiempo que el ejército francés no tenía tantas bajas.

Tras este gran fracaso, el resto de las batallas para recuperar territorio comenzaron a ser nefastas, y Carlos empezó a prescindir de Juana. Un poco más tarde, el bando enemigo la capturó y nuestro querido rey no hizo *NADA EN ABSOLUTO*. No sé si se puede ser más absolutamente rastrero, ruin y mezquino.

Juana ya no le era útil y decidió pasar olímpicamente del tema; el equivalente a matar a tu donante de riñón después de la operación que te salvó la vida.

SACANDO LAS GARRAS HASTA EL ÚLTIMO MOMENTO

En aquella época, cuando dos reinos entraban en batalla, cada uno creía que estaba acompañado por Dios. Cuando uno de los dos ganaba, proclamaba que había sido gracias a la ayuda divina y que el bando perdedor, por supuesto, representaba el mal. En nuestra historia, esto implica que los ingleses estaban profundamente preocupados después de haber sido derrotados en varias ocasiones, con la intervención, además, de una adolescente que proclamaba ser la enviada de los seres divinos. Habían quedado como el bando diabólico y no podían permitirlo, así que decidieron cambiar las tornas. ¿Sabes cuando el tío con el que te estás liando sabe que ha hecho algo mal y trata de darle la vuelta a todo para que quedes tú como la peor alimaña del reino y él como el príncipe salvador que no se merece tu ira? Pues esto es lo mismo. Empezaron un juicio contra Juana diciendo que era una enviada del mismo demonio, y Francia, por tanto, el bando acompañado del mal. Y no se contentaron con acusarla de luchar contra ellos, no... La acusaron de setenta cargos, entre ellos herejía, brujería, travestismo o posesión de armas.

Durante el juicio le hicieron preguntas que incluso un hombre culto hubiera tenido dificultad en contestar y, sin embargo, los dejó a todos boquiabiertos cuando empezó a responder. *GO, GIRL.* Los jueces quedaron totalmente desarmados. Nuestra querida doncella supo defenderse tan bien que redujo ella solita los setenta cargos a doce. Juana era de las que no necesitan abogado en el divorcio.

TUS VALORES DICEN QUIÉN ERES

A Juana la acabaron quemando en la hoguera, pues la incitaron a retractarse y también a proclamarse como una mentirosa que se lo había inventado todo. Incluso le mostraron la hoguera donde la iban a quemar, pero, a fin de cuentas, ella dijo que si Dios la había elegido para seguir ese camino, moriría caminando por él. Prefirió morir a aceptar lo que le pedían: mentir y decir ser alguien que no era. Estaba cagada del miedo, pero con solo diecinueve años tenía claros sus ideales, sus valores y su criterio y no se iba a arrodillar ante nadie. Y tú volviendo a escribir al tío que pillaste ligando con otra mientras te juraba que solo tenía ojos para ti.

Juana lo tenía claro: y una mierda iba a sucumbir al miedo y al conformismo. El camino fácil habría sido ceder y vivir la condena en prisión, pero ella hizo todo lo contrario. En la cárcel la obligaban a vestir con ropa de mujer y los hombres aprovechaban la facilidad de las prendas para meter mano. ¿Qué hizo ella? Volver a ponerse los pantalones, aun sabiendo que la iban a quemar por ello. No tuvo ningún reparo en hacer lo que consideraba, lo que le dictaba su criterio.

¿Te parece una locura que una chica de diecinueve años prefiera morir por ponerse unos pantalones en vez de un vestido, y por no mentir sobre su vida? ¿Te parece insensato lo que hizo? ¿Dejar que la mataran y no haber antepuesto su vida por encima de sus valores? A mí me parece admirable y de tener dos ovarios bien puestos. Su criterio era el que era y ella veló por él. Es como si hubiera dicho: «¿Queréis matarme? Adelante, no voy a dejar de decir lo que pienso o hacer lo que considero». Ella no murió por hacer lo que quería, murió por hacer lo que creía según su moralidad.

NADA MÁS SEXY QUE PONER UN LÍMITE

¿Y tú? ¿Vas a seguir faltando a tu criterio por miedo a que te condenen por ello? ¿Vas a seguir haciendo lo que los demás creen correcto? ¿O vas a hacer lo que tú creas correcto?

Si algo te molesta, dilo. Si algo no está bien, dilo. Si algo te hace sentir incómoda, dilo. Si algo no va acorde a tus creencias, dilo. «Pero ¿y si no están de acuerdo?». *Girl,* ¡¿qué más da?! La única que tiene que estar de acuerdo con tu propia manera de actuar eres tú. Si algo piensas es porque algo crees, y si algo crees es porque algo sientes, y sentir no está bien ni mal: sentir es permitirte ser quien eres.

QUEEN ENERGY

Si no quieres dejar pasar algo, no lo hagas. Si no quieres ser quien quieren que seas, no lo hagas. Si no quieres ceder, no lo hagas. Si no quieres ponerte un puto vestido, no lo hagas. **Cuando alguien no está de acuerdo con tus límites no es porque los vea incorrectos, es porque no está dispuesto a respetarlos.**

A la gente no le gusta tener que asentarse sobre un margen. A la gente —y cuando digo gente, digo cucarachos— le gusta dibujar por fuera de las líneas, tentar el límite de cada uno, y donde explote, bum, ahí está su límite. El problema es que los límites reales los pasaron hace tiempo, solo que no le echaste

SI ALGO TE MOLESTA,
DILO.
SI ALGO NO ESTÁ BIEN,
DILO.
SI ALGO TE HACE SENTIR
INCÓMODA,

DILO.

narices de decirlo y has explotado cuando el grano de arena ya es una montaña. No dejes que eso pase. No permitas que construyan sobre tu montaña de arena. Ciérrales el terreno. Muestra tus límites sin miedo; no es algo exigente, es algo necesario. Una reina se gana la corona protegiendo su reinado. Aun habiendo sido defraudada por el rey y después de haberlo dado todo por defender a Francia, Juana de Arco siguió adelante con sus convicciones. No se vino abajo y no tiró la toalla, ni siquiera sabiendo que iban a matarla.

TUS METAS, TU VIDA

Tu misión de vida son tus objetivos, y debes ir a por ellos independientemente de que los demás te decepcionen o quieran interponerse en tu camino. Aunque te den la espalda, te sientas sola y te traicionen, no sucumbas al miedo, no permitas que te roben tu esencia. Es imposible que en algún momento te sientas arrepentida por haber echado de tu vida algo que la infectaba, pero te puedo asegurar que lo agradecerás en un futuro. No hay sentimiento más *QUEEN* que recuperarte a ti misma después de haber dejado que alguien te frene.

Si tienes que cortar con alguien o dejar de ser su amiga o su empleada porque no respetan tus límites y no representan ninguno de tus valores, hazlo sin pensártelo dos veces. Reflexiona un momento: ¿Para qué quieres relacionarte con alguien que es totalmente contrario a tus valores? ¿Te merece la pena todo lo que pasas por alto solo para que alguien siga formando parte de tu vida? ¿Para qué vas a malgastar tu tiempo y energía, tu amor y dedicación en personas que pasan tus radares a 200 km/h? Si no les contentas con tus hazañas, no estarán de tu parte. Si no permites que pasen por encima de ti, no te tendrán en cuenta.

En el primer momento que sugieras que no estás de acuerdo en algo, te darán la espalda. No les importa el límite de velocidad, están seguros de que no les pondrás multa. Pónsela. Mándalos a la mierda. Sé la heroína de tu propia historia. No esperes reconocimiento ajeno, solamente la paz que brinda haber seguido tu criterio. Mereces juntarte con personas que te cuiden y te valoren, y que cuiden y valoren también lo que piensas.

A EL AS EN LA MANGA

Siempre que sientas que estás siendo estricta o errónea respecto a tus límites, acuérdate de esta chica que con tan solo diecinueve años murió por defender sus ideales. Ni siquiera al caminar hacia la hoguera con el terror corriéndole por las venas pensó en dar media vuelta y suplicar piedad. **Lo hizo con miedo, pero lo hizo.**

MANDATO 4

Eres y serás más que suficiente

POR MARILYN MONROE

Una de las mejores cosas que me han pasado es ser una mujer. Esa es la manera en la que todas las mujeres deberían sentirse.

MARILYN MONROE

SEGURO QUE TE GUSTA GUSTAR, es normal. Ahora, imagina que tu vida está totalmente dirigida a estudiar los gustos de la gente para, cada día, conseguir deslumbrarles con tu presencia. Está bien, probablemente lograrás un poco más de control sobre el de enfrente y podrás utilizar tus atributos de mujer para encandilar a quien te plazca. Creándote un nuevo tono de voz o una manera de caminar arrebatadora, irán tras de ti como si fueras una sirena. Pero ¿y si lo hicieses por ti y no por el de delante?

Algo que repetimos sin darnos cuenta es el acto reflejo de colocarte bien el pelo cuando ves a un chico guapo. ¿Crees que moviendo un mechón cinco milímetros más hacia la derecha se enamorará de ti? No será tu pelo lo que le enamore, serás tú. Igual que no será tu cuerpo lo que te convierta en la mujer de su vida, serás tú. ¿Y sabes cuándo eres más tú? Cuando te quieres tanto que no necesitas a nadie, excepto a ti misma, para validarte. No lo hagas por él, ni por ella. Hazlo por ti. No te muevas el pelo; déjatelo como está, porque está perfecto.

Te voy a decir una cosa muy importante: el físico no importa. No me refiero a lo de «es que si a mí alguien no me entra por los ojos... complicado»; me da igual lo que opines al respecto, aunque yo personalmente crea que no existe algo más seductor que la mente. A lo que me refiero es a que querrás a alguien que te quiera por quien eres, no por tu talla de sujetador o el culazo que tengas, ¿no? Por tanto, te lo repito: no, el físico no importa. Quieres que te quieran por cómo eres, no por cómo se te ve. Cuando solo atraes a una persona por el físico, se crea una relación de pura atracción sexual. Y eso está fenomenal si es justo lo que buscas, pero fíjate que yo creo que justamente tú quieres un poquito de *AMOR*.

Seas como seas físicamente, eres una diosa, y punto. Si crees que al chico que te gusta le va a parecer que tienes los pechos demasiado pequeños o demasiado grandes, entonces que se lo parezca. ¿Por qué el tamaño de tus pechos iba a hacer que le gustaras más o menos a alguien? Siento decirte que, si es así, cariño, te gusta un gilipollas. Si lo único que mueve a alguien a tener una relación es el aspecto físico, entonces tiene el coeficiente intelectual de un mandril. Y no creo que quieras estar con un animal.

El físico es algo muy complejo, y estoy harta de ver a mis *girlies* perder su valioso tiempo en pensar que tienen la nariz muy grande, el mentón muy pronunciado, el culo enorme o exageradamente plano... *Stop right there!* A un hombre de verdad, una persona que te quiere con el corazón y no con los genitales, le gustas exactamente como eres. No cambiaría nada de ti, porque te quiere así. Es con eso con lo que hay que quedarse, y no con menos. Ahora, a mí realmente lo que me importa no es que gustes o te quieran, que está fenomenal. A mí lo que me importa es que te gustes y te quieras tú. Ser una mujer mágica no implica tener que lucir como un hada, sino confiar en tu inmenso poder.

La manera de quererse a uno mismo no es buscando gustar, que es como solemos operar el 50 por ciento de las veces. «Si este chico tan guapo piensa que yo también soy guapa, es porque debo de serlo». Chute de autoestima y listo... o no, hasta que vuelvas a sentirte la persona más horrible del mundo y necesites otro de esos chutes. Créeme, nadie se merece una adicción a los hombres. Eres guapa porque eres guapa, no porque alguien te lo diga. El único punto de vista que debemos tener en cuenta, además del de nuestras abuelas, es el nuestro. Y si nuestro punto de vista es una mierda, hay que cambiarlo. Pero por nada del mundo caigas en tener que gustar para gustarte a ti misma.

Eso nos enseñó Norma Jean Mortenson, *aka* Marilyn Monroe, nacida en los años veinte y *sex symbol* en la época de los cincuenta. Marilyn tuvo una vida cuando menos complicada y, sin embargo, acabó triunfando en la cima de Hollywood: todo porque, simplemente, se lo merecía. Era toda una estrella que la vida se esforzó por apagar.

DE UN SUEÑO A LA REALIDAD

La vida de nuestra querida actriz empezó con curvas. Quién diría que esa sonrisa impoluta que luce en fotos de medios y prensa había pasado por todo lo que pasó. Su padre la abandonó antes de que ella naciera y, años más tarde, su madre tuvo que ser ingresada por esquizofrenia. Fue una buena amiga de su madre, la tía Grace, la que intentó hacerse cargo de ella sin éxito. Marilyn, todavía Norma en aquella época, acabó internada en un orfanato, hasta que Grace se casó y, junto a su marido, pudo quedarse con la custodia. Pero lo que parecía un milagro para Norma acabó siendo todo lo contrario. Edwin Goddard, el marido de Grace, abusó en repetidas ocasiones de ella cuando solo era una niña de once años. Tiempo más tarde, el matrimonio tuvo que mudarse y, como ella no tenía dónde ir, le dieron un consejo. No, no fue que hiciera las maletas y se fuera con ellos, ni que encontrara a alguna amiga con la que poder compartir piso y disfrutar de su juventud, que habría sido lo que tú y yo entendemos como un buen consejo.

Lo que le recomendaron fue que contrajera matrimonio, cosa que hizo con tan solo dieciséis años.

En 1945, Norma conoce a un fotógrafo que le recomienda probar suerte como modelo, y ella se lanza de cabeza. Un año más tarde, ya es portada de una revista, y decide entonces continuar su vida independientemente de su marido. ¿Qué hace nuestra reina? Se divorcia, porque para qué vivir de secundaria cuando sabes que tienes energía de protagonista. No obstante, Norma siempre había querido ser actriz antes que modelo, así que sus ansias de verse en la gran pantalla la llevaron a llamar a las puertas de las productoras. ¿Hemos dicho ya que una verdadera diosa se crea su propio destino? Ella lo sabía muy bien. En cuanto la vieron contoneándose delante de la cámara, dejó de ser Norma Jean Mortenson: había nacido MARILYN MONROE.

SEX SYMBOL POR DERECHO PROPIO

Incluso a una mujer tan arrolladora como Marilyn Monroe la vida no se lo pone fácil. (Te digo esto para cuando pienses que el universo siempre se ceba contigo). Tras algunos papeles sin gran relevancia, se vino abajo y retomó su trabajo de modelo. Tuvo un encuentro con un directivo importante que le dio un pequeño empujón, pero nada que le ofreciera la tranquilidad de un trabajo estable. De esta manera, aceptó posar desnuda para una sesión que hacía un fotógrafo amigo suyo. Más tarde, una de esas fotos acabaría saliendo en la revista *Playboy*.

En 1950, consiguió varios trabajos como actriz y dos años más tarde empezó una relación con Joe DiMaggio, un famoso jugador de béisbol de la época. En 1953 protagonizó una película y ya pudo considerarse a sí misma actriz. Ese mismo año grabó *Los caballeros las prefieren rubias*, *Cómo casarse con un millonario*, y le ofrecieron posar para *Playboy*. Su presencia ante las cámaras era arrolladora; allá por donde pasaba desarmaba a todo el mundo con su carisma, su sonrisa y su seguridad. Gracias a esto, se convirtió en *sex symbol*. En aquellos momentos, Marilyn estaba más que encantada con su carrera, y no me extraña: estaba viviendo su sueño.

NO TENER MARIDO NO SIGNIFICA ESTAR SOLA

En 1954 se casó con Joe y... dejémoslo en que él no soportaba ver a su mujer en escena con otros hombres, ni que saliera enseñando un poquito de carne. Era un celoso patológico y para Marilyn convivir con esa alimaña fue todo un infierno. Joe llegó incluso a agredirla y. por eso, después de solo nueve meses de matrimonio, ella tomó la inteligente decisión de divorciarse. Bien por ti, Marilyn: mejor sola que acompañada por un bichejo.

Dos años más tarde, se volvió a casar, esta vez con Arthur Miller, un escritor del que se enamoró locamente. Llegó a quedarse embarazada en dos ocasiones, pero por problemas ginecológicos ambas acabaron en aborto. Esto le dolió profundamente y empezó a mezclar sustancias como fármacos y alcohol. En dos de las películas siguientes, tuvo aventuras con dos de sus compañeros intérpretes y su marido que, era totalmente consciente de sus romances, decidió separarse de ella, lo que hizo que Marilyn se sintiera sola y sin interés alguno por seguir viviendo. Después de intentar suicidarse, Joe Di-Maggio, que además de su ex había pasado a ser su amigo, la internó en un sanatorio.

QUEEN ENERGY

Cuando tu visión toma la forma de un túnel, no ves lo que tienes alrededor y puedes llegar a creerte que estar sin novio significa estar sola. Querida, salir a cenar con tu chico no te cambia la vida, pero tomarte una mimosa con tus amigas sí te la soluciona. Nunca estarás sola si te quieres a ti misma, y cuando hasta de eso dudas, ¡para eso están tus *girlies*!

Es una lástima que Marilyn se sintiera así, pues lo último que estaba era sola. Había millones de personas que la adoraban y la querían, y todo gracias a una carrera que se había labrado ella sola a fuerza de garra y energía, saliendo de una infancia difícil y persiguiendo su destino de ensueño como solo las diosas saben hacer.

EL MUNDO EN CONTRA

Cuando nuestra estrella de Hollywood se recuperó, conoció en un evento al presidente Kennedy, quien, a pesar de estar casado, comenzó un romance con la actriz.

En 1962, según fuentes oficiales, a Marilyn la encontraron sin vida en su dormitorio, supuestamente debido a una ingesta masiva de barbitúricos que le había recetado su psiquiatra para el trastorno nervioso y del sueño. Más tarde, se comenzó a sospechar que no había sido así, sino que la habían encontrado en plena sobredosis en su habitación y que, aunque una ambulancia la había recogido aún con vida para llevarla al hospital, desgraciadamente falleció en el camino, así que habían dado la vuelta y la habían dejado de nuevo en su cama.

Todo apuntaba a un probable suicidio o una sobredosis accidental, algo que me creería si no supiera que un hombre enfadado puede transformarse en el ser más rastrero del mundo.

Resulta que, horas antes de su muerte, Robert Kennedy —el hermano del presidente—, con quien Marilyn también había tenido un romance, fue a su casa a gritar y amenazarla después de que ella dijera que si él quería romper la relación, daría una rueda de prensa y desvelaría los secretos de la familia Kennedy. Diez días antes de su muerte, la actriz había escrito una carta a un amigo suyo en la que le decía que tenía miedo, que creía estar en peligro y que se sentía vigilada. A mí el instinto me dice una cosa, y es que, por lo menos, fue una muerte sospechosa.

EL PODER REAL ESTÁ EN LA MENTE

Marilyn se pasó la vida actuando. Cuando era pequeña y estaba en el orfanato, se dio cuenta de que los chicos la miraban más si llevaba prendas ceñidas que si vestía con prendas más holgadas. Según fueron pasando los años, descubrió el efecto que tenía en un hombre el *sex appeal* de una mujer y, cuando decidió usarlo a su favor, ya los tenía a todos locos. Sabía perfectamente dónde se encontraba el instinto primario de la mayoría de los hombres, y era en la sexualidad. Con que les gustara lo que veían, ya lograba un mayor poder sobre ellos.

Poco antes de empezar a escalar en las productoras, la actriz cambió su tono de voz por uno más afinado y sexy, y su manera de caminar por una que captase la atención de la gente.

Quiso amoldar su persona a lo que más se cotizaba de ella, su apariencia física, y nadie duda de que lo consiguió. Gracias a su inteligencia emocional y al desarrollo de sus aptitudes físicas, conseguía manipular la situación para obtener prácticamente todo lo que quería. Sin embargo, incluso a ella, que más tarde se convertiría en *sex symbol*, también le dijeron que no era lo suficientemente guapa como para salir en la pantalla. Hay que estar ciego para decir tal cosa.

El rechazo le sentó como una patada en el culo, pero no se dio por vencida ¿Qué hace una reina ante un no? Le da una patada y lo quita de su camino. Los «no» jamás nos detienen, solo nos motivan mucho más. Ella seguiría su sueño de ser actriz hasta el final, porque sabía que había un trono esperándola. Al principio, cuando le daban papeles de «rubia tonta», sexy y «devorahombres», no le importaba, pero cuando ya llevaba unas cuantas películas sin salir de ese registro, Marilyn se empezó a molestar. No entendía por qué ningún director quería darle un papel que tuviera un trasfondo intelectual y no sexualizado. La actriz quería dejar de ser la rubia sexy para convertirse en algo más, en lo que ya era fuera de escena. Entonces un director dio en el clavo y le comentó a Marilyn que la vibra que transmitía en escena, a raíz de haberse acostumbrado a operar así, era totalmente sensual.

Aunque nuestra estrella ya no quisiera, a través de los años se había creado un aura de atracción física que se transmitía en escena. Utilizaba su *sex appeal* para cautivar, y le funcionaba perfectamente, solo que sus deseos eran otros: que se la viera por dentro, no por fuera.

Desgraciadamente, la gente no veía a Marilyn tal y como era. La veían como una bomba de atracción sexual y no se paraban a indagar en su inteligencia, y no sé si lo sabes, pero era una mujer absolutamente brillante. Tenía una biblioteca inmensa, era culta e ingeniosa y su cerebro no tenía nada que envidiarle a su cuerpo, pero era lo último de ella en lo que se fijaban. Y todo por haber querido seducir con el físico y no con su tremenda cabeza.

SOLO TE NECESITAS A TI

Siempre buscamos reconocimiento externo cuando no lo tenemos. Si eres guapa, querrás que la gente lo vea, lo piense, lo pronuncie. «Qué guapa eres», puede sonar muy bien, lo reconozco. Cuando ya te ven guapa, pero también eres inteligente, querrás que, además de guapa, te reconozcan la inteligencia. Cuando ya te ven inteligente, querrás que te vean buena persona, y así un sinfín de validaciones externas que necesitarás por cada buen atributo que tienes. ¿Y esto por qué? Porque si otra persona no piensa o ve lo mismo que tú, te hace dudar.

Un ejemplo básico: Sales de casa y crees que, justo hoy, estás espectacular, eres una reina, una sirena, UNA DIOSA. Te has puesto un conjunto que te queda como anillo al dedo, tienes la cara preciosa y, simplemente, hoy te sientes más guapa que nunca. Aun así, hasta que alguien no te dice «chica, ¡estás guapísima!», tú no te quedas tranquila. «¿Por qué, con lo guapa que estoy hoy, nadie me ha dicho nada?». *Stop right there!* ¿Qué pasa? ¿Que porque alguien no afirme lo guapa que eres o estás, tú no puedes sentirlo? Estás guapa y eres guapa porque a ti te apetece y tú te lo crees, punto. Si alguien no te dice nada, a lo mejor es porque dan por hecho que lo sabes. ¿Para qué le ibas a decir «te llamas María» a alguien que se llama María? Es algo obvio, lo sabes tú y ella también. Pues esto es lo mismo. Si te lo dicen, más que mejor, pero no lo busques, porque *TÚ YA ERES CONSCIENTE*.

QUEEN ENERGY

Tú eres la única responsable de validar tus atributos y desmentir tus creencias erróneas. ¿Por qué tendrías que darle el papel más importante del reino a alguien que no lleva puesta la corona? Igual piensas que eres mala persona por haber hecho algo de lo que no te sientes orgullosa, y yo te digo: todos cometemos errores, pero no todos los errores nos definen. Si te arrepientes de algo es porque sabes que no refleja cómo eres realmente y, al revés, si te sientes orgullosa es porque habla de tu esencia.

ERES TODO Y MUCHO MÁS

Quítate ideas estúpidas de la cabeza. No eres fea, ni tienes un cuerpo feo. No eres tonta, ni lo pareces. No eres mala persona, porque si lo fueras no te preocuparía serlo. Quédate con lo bueno que pienses de ti y desarróllalo. Cada día te encontrarás con que descubres otra cosa buena de ti misma. Vive tu reinado siendo consciente de tus armas, que son tus virtudes. Utiliza todas y cada una de ellas, sin aferrarte a una sola. No solamente eres guapa, no solamente eres inteligente, no solamente eres buena persona. Eres todas esas cosas juntas y otras muchas más. Todo lo que necesitas, todo lo que quieres ser y todo lo que no crees ser (en términos positivos), lo tienes dentro de ti.

No dependas de una validación y de un refugio externo. Es la ley de la corona: si tú no empiezas a actuar como una reina por ti misma, nadie te va a tratar como tal. No son ellos quienes deciden; eres tú quien les permite disfrutar de tus virtudes. Da igual a cuántos hombres les gustes, si no les gustas por ser quien eres. Tienes que sentirte cómoda con todo lo que forma parte de ti, sin esperar que alguien lo vaya a tener en cuenta. No te esfuerces por transformarte para gustar. Da igual si te casas y te divorcias tres, cuatro o cinco veces. No estás sola, no necesitas una persona a tu lado, y mucho menos a gente dorándote la píldora.

ESTÁS GUAPA
Y ERES GUAPA
PORQUE A TI
TE APETECE
Y TÚ TE LO CREES,

PUNTO.

QUEEN ENERGY

Aunque acabaras sola en un sentido literal, sin familia, amigos o pareja, nunca estarías sola. Te tienes a ti misma siempre. Llévate bien contigo, haz las paces con tus miedos. Háblate y trátate bien. No dejes que se te escape ni una sola mala palabra hacia ti misma. *ERES FANTÁSTICA.*

Marilyn no se sentía lo suficientemente atractiva hasta que hizo que todo el mundo lo proclamara. Utilizó un arma tan poderosa como la atracción física para florecer de las sombras y llegar al estrellato. Le salió divino, pero, al final, lo único que ella ansiaba era que la quisieran por su manera de ser y no por su apariencia. Era una mujer inteligentísima, fuerte, valiente, virtuosa, elocuente, culta, inquieta, preciosa por dentro y por fuera, y con muchísimos buenos atributos más. Ella lo sabía, pero por querer mostrarse al mundo con el físico por delante de sus otras virtudes, acabó etiquetándose a sí misma como la *sex symbol* de la que todo el mundo hablaba. Ojalá hubiera sabido que no necesitaba a nadie para sentirse como lo que era, una mujer tremendamente alucinante.

A **EL AS** EN LA MANGA

A lo largo de tu reinado te encontrarás con momentos en los que querrás agachar la cabeza y sucumbir a tus inseguridades. No te lo puedes permitir. Manda callar a la voz interna que exige reconocimiento y validación, la que te dice que nunca vas a ser suficiente. Eres suficiente y, de hecho, llevas siéndolo desde que naciste.

MANDATO 5

Gozarás del arte de la alquimia

POR FRIDA KAHLO

Enamórate de ti, de la vida
y luego de quien tú quieras.

FRIDA KAHLO

CADA VEZ QUE UNA MUJER ROMPE CON SU PA-REJA, acaba, de una manera u otra, mejor de lo que estaba. No es un mito, y tampoco es casualidad. Sin embargo, cuando estás en ese punto en el que acabas de dejarlo, lo único que se te ocurre y te repites una y otra vez es: «Joder, estoy mal y seguiré estándolo». ¿Y si te dijera que no es así? ¿Y si te dijera que, contra todo pronóstico, en poco tiempo estarás incluso mejor de lo que estabas cuando tenías aquella relación?

Doy por hecho que has oído hablar del *glow up*, pero, si no es así, atenta porque esta expresión va a pasar a ser un MUST en tu vocabulario. Es un fenómeno maravilloso que consiste en:

1. Dejarlo con un hombre.

2. Llorar, sufrir, pensar que no vas a encontrar nada mejor, creer que era el hombre de tu vida (pobre ilusa), sentir que lo quieres por encima de ti misma, llorar, sufrir otra vez...

3. Resurgir cual diosa.

En cuanto pasan las primeras oleadas de drama, empiezas a darte cuenta de que él no era tan importante como creías, y de que, si existió un pasado sin él, existe también un futuro. De repente te resulta obvio el hecho de que no era el hombre de tu vida, de que lo podría haber reemplazado cualquier otro con una neurona más y de que la vida es mejor desde que no estáis juntos. Cuando esto último comienza a florecer dentro de ti, es que te ha poseído el *glow up*.

Pasas a verte más guapa, más empoderada, todo te sienta bien, empiezas a cuidarte física y mentalmente, a hacer cosas que te gustan y te entretienen, trabajas mucho mejor —¡e incluso lo disfrutas!—, pasas más tiempo con tus amigas, te vuelves a querer... La vida deja de sonar a canciones tristes y melancólicas y ahora, cuando caminas, suena *Single Ladies*, de Beyoncé, *Girls Just Wanna Have Fun*, de Cindy Lauper, o *Unwritten*, de Natasha Bedingfield. Así de fácil: cuando te has permitido a ti misma sufrir el dolor, lo has convertido en una de las mejores etapas de tu vida. Has transformado las lágrimas en el brillo de tus ojos, los gritos mudos en esa sonrisa de diosa empoderada y las noches en vela en fiestas de pijamas con tus amigas.

Eres mujer y tienes un don, el de convertir el daño que te hace un tío en el mayor error de su vida. Lo mejor de todo es que no lo harás por él; lo harás siempre por ti misma. Lo que te hace o te ha hecho sufrir servirá de gasolina para convertirte en la reina que eres, y te aseguro que los mejores *glow ups* son aquellos en los que llenas el depósito. Que no te preocupe lo mal que vas a pasarlo por la ruptura; tú solo piensa en lo mucho que te va a brillar el pelo después. *Y EN LO POCO QUE LE VA A BRILLAR A ÉL.*

Las mayores injusticias de la vida te la cambian, eso es así. Lo que revela tu esencia de princesa de los mares es conseguir que lo que te ocurra te haga renacer y no te destruya. Rupturas, enfermedades crónicas, muertes de seres queridos, tragedias universales... Todo pasa por algo, todo tiene un fin y una labor en la vida de quienes lo sufren. Se puede caer al vacío y nunca pisar fondo, o caer, limpiarte las manos y seguir adelante. Eso nos enseñó Frida Kahlo, un pedazo de mujer nacida a principios del siglo XX en México, que acabó convirtiéndose en una de las pintoras más revolucionarias de la época. Frida fue una mujer fuerte no, lo siguiente. Una alquimista como ninguna otra. La vida se lo puso difícil, pero, en vez de venirse abajo, agarró un pincel y lo convirtió en arte.

LO QUE VIVES TE AFECTA, PERO LO QUE HACES CON ELLO TE DEFINE

Magdalena Carmen Frida Kahlo Calderón se crio en Ciudad de México como la tercera de cuatro hermanas. Su padre, Guillermo Kahlo, era fotógrafo y pintor, y ella lo adoraba profundamente. A los seis años, nuestra pintora padeció polio, una enfermedad por la que estuvo confinada nueve meses, y que le afectó la pierna derecha, que quedó debilitada para el resto de su vida. Su padre la acompañó y cuidó durante todo ese tiempo, y Frida y él se volvieron prácticamente inseparables. Años después, la aceptaron en la Escuela Nacional Preparatoria para estudiar Medicina; en su tiempo libre, se dedicaba a colorear las fotografías de su padre con un pincel. Años más tarde, esas habilidades que estaba empezando a desarrollar se volvieran indispensables y nos darían a la artista que hoy conocemos y amamos.

A los dieciocho años, Frida viajaba en un autobús que chocó contra un tranvía. Un hierro le atravesó la cadera y la pelvis y le provocó una grave parálisis. La recuperación fue dura; estuvo internada mucho tiempo en el hospital, sin poder moverse de la cama, y allí fue cuando comenzó a pintar con frecuencia. Al principio, regalaba sus obras a sus amigos; obras que, años después, adquirirían mucho valor. ¡Imagínate haber sido amiga de Coco Chanel cuando empezó! No habría nadie mejor vestida que tú.

Más tarde, Frida comenzó una serie de autorretratos que la distinguieron de cualquier artista del momento. Sus obras viajaron a París, Nueva York o Filadelfia y lo hicieron porque, como ella, eran sorprendentes, creativas, deslumbrantes y, ante todo, únicas. Después de uno de sus periodos de convalecencia, que se alargó tres años, por fin pudo volver a tener vida social. Fue entonces cuando conoció a su futuro marido, Diego Rivera, un pintor ya famoso por aquellos tiempos.

LA TRAGEDIA COMO FUENTE DE INSPIRACIÓN

Debido a las secuelas del accidente de autobús, las probabilidades de un embarazo de alto riesgo eran muy elevadas para Frida. Por eso, la primera vez que se quedó embarazada decidió que lo mejor era abortar. La segunda vez, los médicos intentaron una cesárea, pero perdió de nuevo al bebé. Aquello le partió el alma, y fue entonces cuando, buscando dentro de sí la fuerza para sobrevivir, encontró en el arte la mejor forma de superar la tragedia.

Cuadros como *Henry Ford Hospital (La cama volando)*, que representa el trauma de su segundo aborto, o *Moisés*, que muestra a un niño antes de nacer y a otro debajo de él, recién nacido, confirmaron que Frida tenía un talento descomunal y que podía brillar tanto como cualquier pintor famoso del momento, o incluso más. Y digo «confirmaron» porque fue cuando el mundo ya no pudo negarse a su talento, pero la verdad es que Frida era *UNA REINA DE LOS PIES A LA CABEZA* que no necesitaba que nadie le diera una palmadita en la espalda para saber que estaba cambiando la historia de la pintura.

QUEEN ENERGY

Si te ha pasado algo terrible en la vida, es porque tiene un propósito, y ese no es que tires la toalla y te entregues a la depresión, sino que te vuelvas más fuerte. Porque lo eres. Eres más fuerte que cualquier desgracia que te ocurra; de no ser así, no habría sucedido. Las piedras del camino son para aprender a saltar cada vez más alto. Los tacones de trece centímetros no existirían si no hubiera mujeres que pueden llevarlos.

ESTE NO ES EL PEOR ESCENARIO

Cada persona sufre y vive sus desgracias de una manera. No podemos comparar desgracias o cantidades de dolor, pues es puramente subjetivo. No es lo mismo que te acaben de echar del trabajo a que un familiar tuyo o tú misma padezcas un cáncer, y seguramente tu situación vital tampoco sea la misma que la de cualquier otra persona. Así que nada de «es que a mí me duele más porque...», que eso no nos lleva a ningún lado. Entre diosas no se compara.

Lo que sí puedes hacer es buscar una alternativa hipotética que te haría sufrir mucho más que la realidad que estás viviendo. ¿Has sacado un siete en un examen? Imagínate si hubieras suspendido la asignatura entera. ¿Se te ha roto tu top favorito? Podría ser peor; por suerte, habrá otros nuevos que te queden aún mejor. *SHOPPING TIME!*

DEJAR UNA RELACIÓN, EL MENOR DE TUS PROBLEMAS

Pero vamos a ser sinceras: tú y yo sabemos que cuando más drama hemos vivido ha sido al terminar una relación. Nos ha pasado a todas; le pasó incluso a Frida cuando se divorció de Diego, y eso que el hombre era prácticamente una *red flag* andante y le puso los cuernos hasta con su hermana pequeña, Cristina Kahlo. Si, a pesar de todo eso, a Frida le costó superar el divorcio, cómo no vas a pensar tú que cortar con tu chico te va a sentar mal... Pero ya te digo yo que NO es una tragedia.

El peor resultado posible de dejar una relación es el siguiente: no volver a estar con esa persona nunca más y en un futuro encontrar a otra que te haga igual de feliz, o incluso más. Esa es la realidad. Hay ocho mil millones de personas en el mundo, ¿crees que por restar a uno se te acaban las posibilidades de enamorarte? El fatalismo de terminar una relación no existe. Lo único que sí existe es la dependencia emocional y, mira por dónde, es mucho más fácil de trabajar y tratar que cualquier enfermedad autoinmune o genética. Te lo digo porque yo lo he hecho.

El mundo solo se acaba cuando tu corazón deja de latir. Hasta entonces, no hay absolutamente nada en este mundo que pueda destrozarte la vida, ni siquiera un accidente catastrófico, la muerte de la persona que más quieres, una enfermedad física o mental, ni, por supuesto que tu pareja te haya abandonado o te haya sido infiel. Si eres tan afortunada de seguir viviendo, es porque tu vida tiene un propósito, y no tiene nada que ver con mandar todo a la mierda, no levantar el culo de la cama, atiborrarte de helado de *cookies and dough*, llorar durante ocho días seguidos, llenar el buzón de voz de tu ex, emborracharte de mala manera o convertirte en una persona adicta a placeres efímeros con tal de evadir tus problemas.

LA VIDA ES UNA Y ES AHORA

Sé consciente, sé presente, vive en el momento en el que vives. No le des vueltas a qué pasará dentro de una semana, dos meses o dos años. Habrá etapas y etapas; buenas, malas, mejores y peores. Pero no vivas en el ayer, ni en el mañana; vive en el hoy. Siente lo que estás sintiendo ahora mismo, lo que sientes en las yemas de los dedos al sostener este libro: ¿pesa, no pesa?, ¿es suave al tacto?, ¿qué sensaciones estás teniendo al leerlo? Solo por dos segundos, mientras respondías, has sido presente y te has dedicado a vivir sin sobrepensar. Así de fácil es salir de tu cabeza para volver al ahora.

QUEEN ENERGY

¿Estás sufriendo ahora mismo? Sufre. No durará para siempre, solo un rato. ¿Estás derrochando alegría? Derrocha alegría. No durará para siempre, solo un rato. La vida es así. No vas a estar siempre arriba ni siempre abajo. Si no hubiera picos sentimentales y vivieras linealmente, serías un robot, no un ser humano. Los momentos malos están para disfrutar de los buenos. Los momentos buenos están para saber que los malos no son para siempre.

El mundo no es de color rosa, y tampoco existe la fórmula secreta para ser feliz para siempre. Todas y cada una de las personas que respiramos tenemos problemas, y hay que saber vivir con ellos. Como ya te he dicho antes, están para algo, y seguramente no sea tan malo como te piensas, e incluso puede que sea lo que le dé sentido a tu vida. No creo que fuera casualidad que alguien como Frida Kahlo acabara siendo pintora cuando ella estudiaba para ser médica. Tuvo un accidente que la hizo quedarse atada a una cama durante años, y los dedicó a pintar; sus obras son importantes, no, importantísimas. Han servido de inspiración para muchísimas personas, igual que su trayectoria de vida y su espíritu de superación. ¿Lo entiendes ahora?

LA CURA CONTRA EL DOLOR

La cura contra el dolor no existe. Al menos en términos inmediatos. El dolor es como la energía, ni se crea ni se destruye, solo se transforma. «Pero el dolor sí se puede crear», me dirás. Falso. El dolor vive dentro de ti, es un sentimiento igual que el amor. Simplemente se hace notar en determinadas ocasiones, por causas tanto internas como externas, pero el dolor está dentro de ti desde que naces hasta que te mueres.

No podemos destruir el dolor. Sería autoengañarse, y acabarías pasándolo peor. El dolor, como todo sentimiento, hay que vivirlo, pero dentro de los parámetros debidos. Voy a ponerte un ejemplo con otro sentimiento para que sea más fácil de entender.

El amor es un sentimiento muy fuerte. Sin embargo, cuando no te permites sentirlo, acabas odiándote a ti misma. En el otro extremo, si te dejaras controlar por él, te perderías a ti

EL MUNDO SOLO
SE ACABA
CUANDO TU CORAZÓN
DEJA DE LATIR.

misma en el proceso. Todo lo que hicieras estaría condicionado por esta emoción y sería imposible llevar una vida normal. Dejarte controlar por un solo sentimiento durante un largo periodo de tiempo es igual de insano que reprimirlo.

Pues eso mismo pasa con el enfado, el miedo, la tristeza, la lujuria, la calma, la ilusión, la dependencia, la despreocupación... y, por supuesto, el dolor.

EN TU CORAZÓN MANDAS TÚ

Para *queenear* de verdad, tienes que permitirte sentir todo lo que te pida el corazón, pero también has de ser inteligente y no dejar que un sentimiento te agarre de una arteria. Si invitas a la tristeza a tomar un té para pasar una tarde agradable con ella, y a las seis horas metida en tu casa no se quiere marchar... Puerta, *out of the door,* ya. Si no le dices ahora que tienes cosas que hacer y que es mejor que vuelva a su casa antes de que se haga tarde, anochecerá y tendrá que quedarse a dormir. Si, en cambio, le das las gracias por haber venido y directamente le abres la puerta, estás siendo cortés además de cauta. Mañana mismo podría volver a tomar otro té, pero tienes otros planes para el resto del día y ella no está invitada.

Vale, es una metáfora, pueden ser seis, diez, setenta u ochenta horas las que estés triste. Pero no puedes dejar de hacer tu vida o cerrarle la puerta al resto de las emociones porque le hayas pagado unas vacaciones familiares con hotel de cinco estrellas en tu mente al dolor, al sufrimiento y a la tristeza. Aunque te permitas sentir esas emociones, de vez en cuando has de ponerte firme e invitarlas a irse. Si Frida se hubiera dejado vencer por la pena y el dolor, no habría encontrado su destino como pintora y nosotras no habríamos podido disfrutar de su arte.

QUEEN ENERGY

Cuando tu cuerpo te pida helado y música triste, haz de Frida tu *role model* y encuentra el camino para darle la vuelta al dolor. Ella nunca dejó de ser una mujer fuerte e inquieta y, de hecho, en el último año de su vida llegó a ir en ambulancia a una exposición y, con tal de no perdérsela, se quedó a verla allá acostada. ¿Qué otra inspiración necesitas?

Lamentablemente, a causa de su deteriorada salud, Frida falleció en 1954, tras una vida muy complicada. Nos dejó un insólito legado de obras absolutamente apasionantes y unas cuantas lecciones de cómo ser toda una DIOSA INGOBERNABLE.

ESTÁS HECHA PARA CUALQUIER CIRCUNSTANCIA

Antes he dicho que, si en tu vida ocurre una tragedia, es porque estás preparada para vencerla, y de verdad lo creo. Por injusta que sea una tragedia, tú estás hecha a su medida para superarla y sacar de ella un aprendizaje. Aunque puedas pensar de ti que eres una persona débil, no eres consciente de lo que eres, y serás, capaz de superar. Te queda muchísima vida y eso significa muchas alegrías y muchas otras desgracias. También significa que te sorprenderás a ti misma y que antes de lo que crees mandarás un abrazo a esa chica débil que tú creías ser, por haberlo hecho todo tan bien.

Pinta un cuadro, esculpe en yeso, escribe un libro, una canción, un poema, un diario, interpreta una pieza, recita una obra, agarra un piano, un violín, una guitarra, haz arte y *BRILLA* como la estrella que eres. No te quedes dentro todo lo maravilloso que hay en la experiencia que vive una misma; sácalo y que el mundo lo vea. La forma más bonita de hacer arte es sintiéndolo, y tanto dolor sentido merece un monumento.

Frida Kahlo supo perfectamente cómo hacerlo. Cada gota de sus lágrimas era una pincelada de óleo. Cada trauma de su vida quedó plasmado en un lienzo. Cada cuadro suyo ha servido de inspiración para otra persona. Cada momento vivido es un aprendizaje en su trayectoria. Ella comprendía el arte de la alquimia, y yo creo que ahora tú también.

EL AS EN LA MANGA

A ♥

Jamás desaproveches una infidelidad, un abandono, una injusticia ni un trauma. Son gasolina para tu desarrollo como reina, y la gasolina hoy en día está muy cara. Agarra el volante, pon tu *playlist* favorita y pisa a fondo. Fíjate solo en tus propias señales, no las ha puesto nadie más que tú y están ahí para algo.

MANDATO 6

Por y para siempre, serás irreemplazable

POR LADY DI

Me gusta ser un espíritu libre.
A algunos no les gusta eso,
pero así soy.

LADY DI

MÍRATE. Piensa en quién eres y cómo eres. ¿Hay alguien más en el mundo que sea exactamente igual que tú? ¿Hay alguien más que tenga tu misma risa? ¿Que piense como tú piensas? ¿Que tenga tu mirada? ¿Que posea tu misma forma de ver la vida, las cosas y las personas? ¿Hay alguien en este puto mundo que sea como tú? No, no hay absolutamente nadie. Desde la punta del dedo gordo del pie hasta el pelo electrificado que te sobresale de la cabeza, eres única e inigualable en este universo.

No existe persona en este planeta que tenga tus ojos, tu mirada, tu sonrisa y tu manera de reír. Tampoco tu olor, ni tu forma de moverte o caminar. No existe nadie con tu tono exacto de voz, ni que se comunique como tú lo haces. Nadie

MARÍA **RIBALLO**

que haya vivido las mismas historias que has vivido tú, ni que sienta lo que tú sientes. Nadie que se enamore como tú te enamoras, ni se enfade como tú te enfadas. No existen dos como tú, ni siquiera parecidas a ti. Intenta ser consciente. Solo hay una como tú, y esa eres tú misma.

Si piensas lo contrario, querida, estás muy equivocada. Es tu síndrome de humildad errónea, como me gusta llamarlo, que te intenta hacer ver que podría haber alguien tan similar a ti que te haría sombra. Es imposible que así sea, punto. No dejes que tu cerebro intente hacerlo posible. Vamos a hacer una cosa: mandar ese pensamiento a la mierda. ¿Puedes admitir de una puñetera vez que eres una reina extraordinaria e incomparable? De verdad que no le va a hacer daño a nadie, lo único que puede pasar al admitirlo es que agrades al mundo con tu esencia de princesa. Hasta podría ser que algunos te envidiaran un poquito, PERO ESO NOS DA IGUAL. Es problema de ellos y de su amargura.

Hasta que no te entre en la cabeza, no dejaré de repetirlo: Eres una reina única, inigualable, insólita, magnífica, incomparable, impresionante, excelente, inmejorable e irreemplazable. ¿Te queda claro? Pues dilo en voz alta. Venga, te espero.

Tienes la suerte de ser como eres y estar en el proceso de saber reconocerlo. Esa unicidad hay que patentarla, y para hacerlo, solo vas a necesitar ser tú misma, así, sin aditivos. Tan genuina como maravillosa. Tu yo natural ya es insuperable, no necesitas fingir que eres otra persona ni disimular lo que te hace especial. Cuando una acepta que es única, se valora y se es fiel a sí misma, sin esconderse ni disculparse por ello, no hay corazón que no se rinda a sus pies. Sin quererlo, como la princesa de Gales, tendrás todo el cariño y la empatía del mundo entero. Si esto va de reinas, ya iba siendo ahora de que hablásemos de una mujer que fue referente del pueblo, icono de la moda y, probablemente, la princesa más querida de todo el planeta.

UNA PRINCESA EXTRAORDINARIA

Diana fue de todo menos una princesa normal, y ahí radica su éxito. ¿Para qué ser normal cuando puedes ser extraordinaria? Nació en 1961 en Sandringham, en una casa que sus padres habían alquilado en la finca de la reina Isabel II, y creció en una familia aristocrática inglesa. Ya desde pequeña jugaba con los hijos menores de la reina, y así fue como conoció a su futuro marido, el príncipe Carlos, que tenía trece años más que ella. Aunque todo esto te suene a una infancia de cuento, la verdad es que en la familia de Diana no faltaban los problemas, desde el disgusto de sus padres al nacer ella, pues esperaban un varón, hasta su divorcio y las peleas por su custodia. Estudió en casa hasta los nueve años y luego pasó por un colegio, un internado y un instituto.

Respecto al príncipe Carlos, tenía encomendado encontrar a su princesa, y Camilla Parker-Bowles, el gran amor de su vida, no podía ser, pues estaba casada y tenía hijos. Habría sido un escándalo para la corona, aunque, viendo lo que pasó después, podrían haberse casado directamente y le habrían ahorrado a Diana unas cuantas sesiones de terapia. Cuando esta tenía diecinueve años, el heredero a la corona inglesa la invitó a pasar unos días juntos en verano e, inmediatamente después de aquello, empezaron a salir. Solo un año más tarde, el príncipe le pidió matrimonio. Lo que para Diana comenzó siendo una película Disney se convirtió en quince años de matrimonio infeliz que acabó en divorcio. De su relación con Carlos, Diana llegó a decir que «en el matrimonio éramos tres». Una reina sabe *how to slay*.

El matrimonio fue tan tormentoso para nuestra princesa que ella misma confesó que fue la causa de su bulimia y su tendencia a autolesionarse, que comenzó después de que su prometido le pasara la mano por la cintura y le dijera «estás un poco gordita aquí, ¿no?». No quería meterme con el príncipe, ahora rey de la corona británica, pero se me está haciendo muy difícil esconder la urticaria que me provoca saber eso. En aquel momento, la cintura de Diana medía 73 centímetros. El esperado día del enlace medía 60. Había bajado trece centímetros en solo unos meses. Aunque la batalla fue muy dura, Diana lograría vencer la bulimia.

UNA *COOL MOM* DE REVISTA

Desde los comienzos de su unión matrimonial con el príncipe Carlos, este le fue infiel con Camilla. Diana no pudo soportarlo, *NI FALTA QUE HACÍA.* Me da igual que seas el heredero del que fue el imperio más grande del mundo; los cuernos no se perdonan. Se separaron tras once años de matrimonio, en 1992, y se divorciaron en 1996.

La princesa y Carlos tuvieron dos hijos, Guillermo y Harry. Diana era una madre totalmente dedicada a sus hijos, a quienes amaba profundamente. Siempre trataba de darles una educación humilde a pesar de todos los lujos. Por ejemplo, los llevaba a comer a McDonald's, con tal de hacerles entender que su vida de palacios y platos de estrellas Michelin no era lo normal, y que debían agradecer lo que tenían. Estoy segura de que al príncipe nunca se le habría pasado por la cabeza hacer algo así.

Diana fue toda una *cool mom*. Hizo miles de cosas para que sus hijos pudieran vivir la infancia más ordinaria posible, en el mejor sentido de la palabra. En 1991 participó descalza en una carrera de madres que se celebraba en el colegio de educación primaria de sus hijos, y siempre que podía los llevaba a sitios que fueran a disfrutar, como el parque de atracciones. Quería verlos con tanta frecuencia que incluso se quejaba a su exmarido del poco tiempo que pasaba con ellos.

LA CORONA Y LA HUMILDAD NO ESTÁN REÑIDAS

Diana era mucho más humilde que muchas otras personas que no llegaron a tener ni la décima parte de un tercio de un quinto de un octavo de la cantidad de dinero y lujos que ella poseía. Ella era princesa, pero también humana y mortal, y eso la hacía todo un ejemplo a seguir. Quería dar a entender que no había nada que realmente la distinguiera de los demás, porque somos humanos, todos venimos del mismo lugar, independientemente del estatus social o el patrimonio. Diana lograba transmitir esta humildad porque lo creía de forma genuina; solo tenía que comportarse de forma natural, acorde a sus creencias, para que su brillo interior se hiciera evidente. Solo de pensar en todo el bien que hizo en la sociedad, se me saltan las lágrimas. *TAMBIÉN ES VERDAD QUE TENGO LA REGLA.*

Entre sus muchísimas labores caritativas, nuestra queridísima princesa visitó numerosos hospitales. En una época en la que el sida era una enfermedad que causaba pánico social y la gente creía que podía contagiarse simplemente con el tacto, Diana visitó un centro especializado en pacientes de VIH y, para desmentir el mito, le estrechó la mano a uno de ellos delante de los medios. No solo eso; también colaboró con múltiples ONG y se implicó en más de un centenar de causas solidarias. Era una trabajadora social disfrazada de princesa, alguien que sabía que su tiempo valía oro, y que lo mejor que podía hacer con él era compartirlo con quien lo necesitara. Como ella misma dijo: «Lleva a cabo un acto de bondad al azar, sin esperar recompensa, con la certeza de que algún día alguien podría hacer lo mismo por ti». El altruismo corría por sus venas, no podía remediarlo. Era una persona genuinamente bella, lo que la hacía un diamante en bruto.

TU KARMA = MI FAMA

La princesa era y es famosísima por todo el mundo. Todos hablaban de ella y, aun así, nunca se escuchaba una mala palabra dirigida hacia ella. Incluso después de divorciarse del príncipe, su fama siguió creciendo, y es que, como una de sus parejas dijo, «era muy fácil enamorarse de Diana». Lo único que buscaba era dar amor a la gente sin recibir nada a cambio, una fórmula perfecta que le trajo de vuelta todo ese amor multiplicado por millones de personas. Cuando haces algo con el corazón, fiel a tus convicciones y sin esperar nada a cambio, el universo te lo devuelve poniendo sobre ti todos sus focos para que desfiles como una verdadera estrella.

El mayor error de la vida del príncipe Carlos fue no valorar a la mujer que tenía como esposa. Una vez que se casaron la dio por sentada, pero una princesa como Diana sabía bien que ella no iba a competir por el amor de un hombre y que, si no la trataba como se merecía, la respuesta era fácil: *bye, ciao*. Por todo esto, Diana era una mujer única e irreemplazable, igual que tú, que seguro que también te has encontrado alguna vez con alguien que no ve tu valor como tú sí eres capaz de verlo.

QUEEN ENERGY

Repite conmigo: Él no es el mejor del mundo, tú lo has hecho el mejor del mundo. Si estás obsesionada con él es porque no lo estás lo suficiente contigo misma y ya es hora de darle la vuelta a esta situación. Tú tienes que ser la primera en entender que eres la joya de la corona, el diamante de más quilates. Si la persona que tienes al lado no lo ve así, *well, he can fuck off.* ¿Que es el mismísimo rey de Inglaterra? *Darling, I couldn't care less.*

Me costaría mucho creer a alguien que me dijera que Diana no era una mujer inigualable. Pero no, ahí estaba su propio marido, la persona que más cerca estuvo de ella, que sintió su amor y emociones a flor de piel e intimó con ella: en lugar de valorarla, prefirió dedicarse a otra mujer, casada y con hijos.

¿Fue aquello culpa de Diana? ¿Significa entonces que la princesa era reemplazable u ordinaria? Todo lo contrario. Significa que el ordinario era Carlitos, y que el error fue que Diana se casara con él. Pero que no se preocupe ahora, pues todo el amor que él no quiso darle, se lo entregó el mismo reino del que la hizo princesa, que la sigue queriendo a día de hoy mucho más de lo que en su vida lo querrán a él.

EL ÁNGEL DE LA CORONA INGLESA

Diana murió en un accidente de tráfico cuando el coche que la llevaba, huyendo de una oleada de *paparazzi* que la perseguían, se estrelló en el túnel del Puente del Alma, en París. Fuentes policiales confirmaron más tarde que el conductor había mezclado alcohol y psicofármacos. Diana no viajaba sola, iba con su pareja del momento, Dodi Al-Fayed, hijo del multimillonario Mohamed Al-Fayed, que murió en el momento del accidente, igual que el conductor. Una muerte trágica y para mi gusto también sospechosa, pero no diré nada al respecto, que no quiero que la corona inglesa me denuncie.

El 31 de agosto de 1997, un ángel subió al cielo. Desde ahí arriba sigue cuidando de los más necesitados y vigilándonos a todas las mujeres para que demos amor y sepamos irnos cuando ese amor no es correspondido.

NO ERES TÚ, ES ÉL

¿Quién no ha sufrido a un tío diciendo «no eres tú, soy yo» como excusa por su inmadurez emocional y por no saber tratarte como te mereces? Pues querida, así es, no vamos a perder nuestro valiosísimo tiempo en discutir con un cucaracho. En efecto, no eres tú, no es tu culpa. Es él: si no sabe dar un palo al agua, ¿va a saber apreciar a una mujerona como tú?

Nunca te atrevas a pensar que eres culpable de no ser lo suficientemente guapa, rubia/morena, delgada, inteligente o atractiva para alguien. De lo único que somos culpables aquí es de ser diosas, sirenas, reinas. Hay que estar ciego o ser tremendamente estúpido como para no ver que eres perfecta tal y como eres. Y ni se te ocurra pensar que es culpa tuya no ser más permisible o benevolente. «Pero… es que, si le hubiera perdonado la infidelidad, seguiríamos juntos». Me da igual. ¿Me oyes? Me da igual. No quieras tener que perdonar una infidelidad solo para poder seguir con alguien que ni siquiera te respeta. No te lo mereces. No te mereces a una persona que solo ve todo lo que no eres: reemplazable, ordinaria, fácil de dañar, indiferente. Eres todo lo contrario. A veces, por mucho que otra lleve la corona de reina, sabemos a quién correspondía el título.

Por mucho que puedan cambiarte o estar con otra, que lo estarán, esa nunca vas a ser tú. Eso es lo que te tiene que importar, que él podrá estar con otra, pero ya nunca, *JAMÁS*, volverá a salir contigo. Y te aseguro que, cuando se dé cuenta de lo que ha perdido, se arrepentirá.

LAS EDICIONES LIMITADAS NO SON PARA CUALQUIERA

Eres tu propia pieza de edición limitada, disculpa, limitadísima, porque de ti solo hay una: tú. Solemos tener miedo de perder lo que de hecho nunca nos ha correspondido, cuando en realidad una persona que te ha faltado al respeto y no te ha tratado como te mereces jamás ha sido nada tuyo. La pareja que te mereces nunca actuaría así y, por eso, por mucho que os hayáis querido llamar «novios», no ha sido tu pareja. Ese título se gana, cariño, y el jurado ha decidido que él no era digno de llevarlo. Vamos a ser sinceras: antes que novio ha sido un lastre en tu vida. Mejor que llamemos a las cosas por su nombre.

Me da igual lo que te haya dicho; que estarías más guapa de rubia, que si comieras menos adelgazarías un poco más, que si fueras al gimnasio tendrías más culo, que necesita que su novia sea un *sex symbol* para no despistarse con otras… un sinfín de tonterías y consejos vacíos que no has pedido y a los que no has de hacer caso. ¿Tú crees que Diana, con lo guapísima que era, tenía que creerse las críticas a su físico del calvo de su marido? Nunca des valor a los comentarios de alguien que, aunque creas que te quiere, te está limitando y moldeando como si fueras su muñeca. Tú no eres el juguete de nadie, eres una mujer de los pies a la cabeza que sabe perfectamente que está radiante hoy y cualquier día.

QUEEN ENERGY

Al que te diga que la ropa que te has puesto no te queda bien, o que vas provocando, le dices que ahí tiene la puerta. Al que te diga que no le gusta que te maquilles tanto, le dices que deje de jugar al FIFA y se lea un libro. Al que te diga que sin maquillaje estás horrible, le dices que ya le gustaría llegarte a la suela de los tacones. Al que te diga que lo siente por haberte sido infiel, que está muy arrepentido, le dices que se vaya a la mierda. Al que se dedique a cortarte las alas, en vez de impulsarte a volar, lo exilias del reino.

PREPÁRATE PARA PERDER MUCHO

¿Qué pierdes cuando pierdes a alguien que te humilla (o lo intenta), no te respeta y te hace sentir como la persona más insignificante del mundo? Pierdes mucho: mucho estrés, mucha ansiedad, mucho dolor, mucha impotencia, muchas ganas de llorar a todas horas… ¡Qué gustazo perder tanto! ¡Quién tuviera tu misma suerte!

En términos positivos, te aseguro que no pierdes nada. Como mucho, el sexo, si era bueno, porque en algunos casos ni eso, pero nada que un aparato de placer íntimo del siglo XXI no pueda reemplazar. Una vez que te liberas de alguien que te tenía encerrada en una celda de inseguridades, renaces como un ave fénix. Dejas de sentirte la mujer más cualquiera y simple del mundo para empezar a verte como lo que eres: la princesa más extraordinaria y querida por su pueblo, ya por fin independiente de su marido infiel y simplón. De repente, recuperas la confianza para ponerte un *revenge dress* tan impresionante que pasa a formar parte de la historia de la moda… y de las pesadillas de tu ex.

Optimiza tu unicidad, paténtala. Que no te importe si te cambian por otra, porque está claro que ese no era tu lugar. Tú eres irreemplazable, una reina entre todos los peones. Sé tú misma en todos los sentidos. No quieras ser una *bad bitch* si eres un osito Haribo, no tiene nada de malo ser buena con el mundo entero. Déjate llevar por tu esencia y confía en tu naturalidad, siempre y cuando sepas marcar tus límites o, por decirlo de otra manera, sepas mandar a la mierda a quien malgaste tu bondad o abuse de ella. Ni se te ocurra creer por un solo momento que eres una más; tú eres una entre ocho mil millones.

TÚ NO ERES EL JUGUETE
DE NADIE, ERES UNA
MUJER DE LOS PIES
A LA CABEZA QUE SABE
PERFECTAMENTE
QUE ESTÁ RADIANTE.

RADIANTE HOY
Y CUALQUIER DÍA.

A EL AS EN LA MANGA

A los pájaros de oro les cuesta más volar, pues tienen un plumaje tan valioso como pesado. Ningún otro pájaro es capaz de moverse como ellos, ni mucho menos de entender lo que es ser un ave dorada. Cuando la vida se complica tanto que te pesan las plumas, un pájaro corriente solo te recordará lo mucho que te debe de costar volar. Vuela al lado de uno de los tuyos y deja que te recuerde que eres de oro, que sois especiales.

MANDATO 7

Darás importancia a lo verdaderamente importante

POR SISSI EMPERATRIZ

Quiérete siempre más de lo que te quieren.

SISSI EMPERATRIZ

CUANDO HABLAMOS DE POTENCIAL, ¿a qué nos referimos? Tu potencial es un medio para un fin, ser la mejor versión de ti misma. Esa mejor versión tiene que cumplir estos requisitos:

💜 Prioriza tus necesidades.

💜 Prioriza tu salud mental.

💜 Prioriza tu salud física.

💜 Priorízate a ti por encima de lo que no es importante.

¿Qué es lo verdaderamente importante? Yo te lo explico:

♡ Tú y lo que envuelve a toda tu persona.

♡ Tus familiares más queridos.

♡ Tus buenas amigas.

♡ Un buen marido y/o buen padre de tus hijos.

♡ Tu mascota.

¿Qué no es importante? *Don't worry girl, I've got you*:

♡ La perfección en la apariencia física.

♡ Caerle bien a todo el mundo.

♡ Un chico que apenas te ha mostrado compromiso.

♡ Un trabajo en el que no te valoran.

♡ Un familiar que perjudica gravemente tu salud mental.

♡ Unas amigas que no tienen las mejores intenciones.

La mayoría de las veces tendemos a valorar cualquier cosa que nos brinde un mínimo de distracción diaria por encima de lo que realmente importa. Perdemos la cabeza, se nos olvida querernos más de lo que nos quieren, nos obsesionamos con lo mínimo convirtiéndolo en lo máximo. Nos dicen que quieren invitarnos a cenar y dos horas más tarde estamos pensando en cómo queda su apellido al lado del nuestro, y si será mejor casarse en invierno o en verano. Nos sumergimos en fantasías y películas de Hollywood en las que todo es maravilloso, y la obsesión borra la realidad hasta hacernos creer que estamos luchando por algo que no es. Sin darte cuenta, de repente ya no es Luis, con el que has quedado dos veces, sino Luis, el amor de tu vida y futuro padre de tus hijos.

Para cuando os saludáis, ya no estás con Luis, sino con el potencial de Luis que has maquinado dentro de tu cabeza. Si solo te fijaras en el aquí y el ahora y te quisieras más de lo que quieres tu final feliz, serías capaz de interiorizar que Luis no es para tanto y que, una vez más, has convertido con tu varita mágica un amor efímero y barato sin ninguna base sólida en el hombre de tu vida. De nuevo, has dejado de priorizarte a ti para priorizar un cuento de hadas, que tiene muchas opciones de no venir con el final feliz que desearías.

Ya va siendo hora de romper con esta rutina que te hace más mal que bien. A partir de ahora, nuestra prioridad es tu potencial. Obsesiónate con tu potencial, no con el suyo. Deja de regalarle espacio en tu mente, y minutos, horas y días en tus pensamientos. Deja de creer que es el mejor hombre con el que te has cruzado, más apuesto y fantástico que ningún otro. No lo conoces lo suficiente como para saberlo. No te vendas la moto. *NO ES REAL*. Un tío que conoces de dos o tres noches no puede convertirse en el foco absoluto de tu atención. Cuando los focos giran hacia algo nuevo, dejan oscura otra parte del escenario. ¿Por qué apagar tu foco de Victoria's Secret para desfilar en la penumbra con alguien que todavía no sabes si llega a bacteria?

Tú vas por delante de él, siempre. Tu nuevo príncipe azul no puede ser la prioridad por excelencia en tu vida. Ni siquiera si acaba convirtiéndose en el marido ideal debes ponerlo a él primero. Tampoco a una amiga a la que conoces de dos noches de fiesta. Te puedes llevar muy bien con ella, por supuesto, pero ¿de verdad es tu amiga? ¿Darías lo mismo por ella que por tus amigas de hace nueve años? Por supuesto que no. No es tu amiga, igual que no es tu futuro marido; no es real.

Cuando salen los créditos y descubres que los efectos especiales de ese paisaje tan bonito que habías visto estaban hechos con ordenador, pierdes la ilusión. Qué asco de sentimiento, ¿verdad? El de perder la ilusión. No habría pasado si no hubieras querido creer, a la fuerza y de la nada, que la película estaba rodada en Marte. La ilusión se pierde más fácilmente cuanto más rápido la creas. Hay que intentar que sea progresiva, no queremos la velocidad de un cohete de la NASA. Si no, querida, ya sabes lo que pasa; todo era un montaje.

Ilusiónate por ti. Piensa en todas las cosas bonitas que te quedan por vivir, sin necesidad de intercalar a otro individuo de por medio. No es lo mismo emocionarte por pensar en el día de tu boda, que hacerlo por pensar en el día de tu boda con Luis. Deja a Luis ya de lado, por Dios. El día que te lo pida cambiaré de opinión, pero ahora tú solo piensa en lo preciosa que estarás con tu vestido de reina ingobernable, a punto de casarte, pero siempre siendo tuya y de nadie más.

Algo así debió de repetirse muchas veces Isabel de Baviera, *aka* Sissi emperatriz de Austria y reina de Hungría en el siglo XIX:

la vida le quiso quitar su autonomía y convertirla en una reina florero, pero se encontró con toda una leona que se negó a doblegarse ante nadie. Isabel fue una emperatriz que quiso soñarse primero a ella y que no dejó de hacer lo que ella quería ni por todo el dinero del mundo. Aunque la corte austriaca se empeñó en tratarla como a una muñeca, ella les mostró a una emperatriz imposible de domar.

ADAPTARSE O MORIR

Isabel de Baviera nació en 1837, en Múnich. Se crio rodeada de animales en el campo, un ambiente que adoraba y que resultaba bastante informal en comparación con lo que luego la esperaría en la corte. Cuando ella tenía dieciséis años, su primo Francisco José, emperador de Austria con solo veintitrés años, se enamoró locamente de ella y quiso de inmediato hacerla su esposa. A Isabel no le parecía tan buena idea eso de convertirse en emperatriz y se opuso, igual que su tía —la madre del emperador—, que no veía a Sissi con madera para entrar en la corte. Nunca la prepararon para ser emperatriz, y eso a su suegra le ponía enferma. Sin embargo, ni la oposición de su propia madre y de algún que otro familiar hizo que Francisco José renunciase a ella; estaba profundamente enamorado y no la dejaría escapar. Sissi debió de intuir que el emperador nunca se daría por vencido y rehízo su estrategia: aceptaría su propuesta y lucharía por seguir siendo ella misma dentro de los muros de la corte.

Cuando Isabel llegó al Palacio Imperial de Horfburg, empezó a ser consciente de la pesadilla que se le venía encima. La corte era una cárcel de oro con rígidos protocolos cortesanos en la que apenas tenía intimidad y privacidad. Había ojos que vigilaban todos sus movimientos y se aseguraban de que, en la práctica, la nueva emperatriz no tuviera un ápice de libertad. Su suegra, la archiduquesa, fue la representación exacta de un grano en el culo: criticaba a Isabel allá donde fuera e hiciera lo que hiciera. Solo con escucharla respirar, ya estaba lista para criticarla.

Además, todas las damas de la emperatriz fueron elegidas entre la aristocracia, y todas eran mujeres mayores que Sissi, expresamente conservadoras.

Nuestra emperatriz estaba completamente sola, porque, aunque estuviera rodeada de gente, no tenía a nadie con quien compartir su aflicción. ¿Y su marido, ese que estaba locamente enamorado de ella? Resultó ser otro Míster Promesas que se pasaba los días sumergido en sus responsabilidades como emperador, sin prestar un ápice de atención a su esposa. Fue entonces cuando nuestra emperatriz recordó aquello de «adaptarse o morir», y ella lo tuvo claro: «NI ADAPTARME, NI MORIR».

QUEEN ENERGY

No hay caminos sin salida para una verdadera reina. Que todo parezca perdido no quiere decir que lo esté, y que los demás te pinten un único final para un problema no quiere decir que no haya otras opciones. Confía en ti y en tu inagotable fuerza para dar la vuelta a las cosas y desafiar lo establecido. ¿La princesa siempre tiene que quedarse llorando al príncipe? *I don't think so, babe.*

EL ENEMIGO EN CASA

Sissi y Francisco José tuvieron cuatro hijos, tres niñas y un varón. Desde el primer embarazo de Isabel, la archiduquesa quiso hacerse cargo de su nieta, pues no consideraba a la madre lo suficientemente capacitada para la tarea. Sissi, por supuesto, se negó; de bastante la estaban privando ya como para quitarle a sus propios hijos.

Años más tarde, planeó un viaje a Hungría junto a su marido y sus dos hijas. De nuevo, su suegra se enfrentó a ella e intentó que no se las llevara, ya que, según ella, todavía no había aprendido a cuidar de las niñas. Es lo que pasa con la gente amargada, que tiene mucho tiempo libre que dedicar a hacer la vida imposible a los demás. Desgraciadamente, la primogénita, Sofía, contrajo tifus en una de las regiones de Hungría cuando tenía solo dos años y, en cuestión de poco tiempo, falleció. Isabel se culpó a sí misma por la muerte de la pequeña, entró en una profunda depresión y concedió toda la responsabilidad de su segunda hija a su suegra.

PRESA DE LA AUTOCRÍTICA

A raíz de la muerte de su hija, Sissi empezó a caer en malos hábitos como fumar, comer poco —o más bien nada— y hacer deporte de manera exagerada. Un año más tarde, en 1858, dio a luz a Rodolfo, su tercer hijo, que moriría nueve años antes que ella, en 1889, tras disparar a su amante y luego a sí mismo. Tras esta otra tragedia, la emperatriz cayó de nuevo en una severa depresión y continuó hasta su muerte de luto perpetuo, por lo que nunca volvió a llevar una prenda de color.

La vida de Sissi no volvió a ser fácil desde que entró en la corte. Se obsesionó locamente por la belleza y la apariencia física. Entrenaba alrededor de seis horas al día, dormía con mascarillas de filetes de ternera para hidratarse el cutis y tardaba una media de tres horas en arreglarse el pelo. Cada vez que entraba en una depresión, sus médicos le aconsejaban salir de Viena, por lo que hizo numerosos viajes con tal de escapar de las exigencias de la corte, y quién sabe si incluso de las suyas propias.

Era una persona exigente y perfeccionista, que sufría por las críticas que recibía desde palacio y desde su propia cabeza. Vivía presa de su propia imagen y, a pesar de ser una mujer inteligente y culta, que hablaba varios idiomas, escribía poesía y era, además, una experta amazona, no conseguía sentirse suficiente. Sissi tenía mil virtudes, pero solo podía ver lo que creía que eran sus defectos. De la misma forma que debía ser la emperatriz perfecta para su suegra, quien se esforzaba en dejar claro que nunca lo sería, debía ser perfecta para sí misma frente a un espejo. Toda una vida sujeta a exigencias tanto externas como internas.

EL AMOR, LA KRIPTONITA DEL EGO

Las expectativas son reflejos del ego. Si nos obsesionamos de manera tóxica es porque involucramos los deseos más profundos de nuestro ego. La perfección no existe; en cuanto quieras que algo sea perfecto y lo consigas, dejarás de verlo perfecto para empezar a querer mejorarlo. Es el cuento de nunca acabar. Hay que vivir en el presente, no en las expectativas. De lo contrario, vives desde el ego y no desde el corazón.

Cuando buscamos la figura perfecta, el pelo perfecto, el cutis perfecto o el hombre perfecto estamos viviendo de expectativas. Hazme caso, nada de lo anterior existe, como tampoco la mujer perfecta. Solo existe lo perfecto frente a tus ojos; tú tienes el poder de hacer y ver algo inmejorable. Ya hiciste nueve veces más guapo de lo que era a aquel tío con el que estuviste solo porque lo querías, así que ponte las pilas, *queen*, y haz lo mismo contigo.

Quiero que te obsesiones contigo, que te mires al espejo y que experimentes ser la mujer más empoderada del universo, pero hazlo siempre por lo que sientes por ti y no por lo que ves. Quiero que te obsesiones contigo de una manera sana, quiero que te quieras más de lo que te quieren los demás, que seas consciente de tus defectos e imperfecciones y les pegues un morreo, que seas feliz y estés orgullosa de quién eres, que seas consciente de que eres el premio gordo. Tú lo vales y estás hecha a medida para sentarte en el trono de tu vida, tu reinado.

LAS EXPECTATIVAS JUEGAN A LA CONTRA

¿Qué ocurre cuando no se cumplen tus expectativas? Que todo es una MIERDA. Has estado dos meses haciendo deporte para tener el culo perfecto y, sin embargo, sigue sin ser el que

TÚ LO VALES
Y ESTÁS HECHA
A MEDIDA
PARA SENTARTE
EN EL TRONO DE TU VIDA,

TU REINADO.

te habías imaginado, simplemente porque tu cuerpo es ideal a su manera y no a la manera de otro que has decidido considerar perfecto. Has estado cuatro, cinco o seis meses liándote solo con un chico porque creías que llegaría el momento en el que te pediría salir, pero resulta que ahora no quiere nada serio y, no solo eso, sino que se ha liado también con otras chicas. ¿Imaginabas que en algún momento iba a cambiar la situación y por eso te quedaste esperando? Nada ha salido como esperabas, porque la vida no es la película que imaginas en tu cabeza.

Te has dejado guiar por tus expectativas. Fíjate si hacen daño las expectativas, que te has obligado a creer que este chico que no te había dejado nada claro ni había mostrado una intención de compromiso se iba a convertir en tu novio. O has estado cuatro horas arreglándote para un evento superimportante y ni el maquillaje ni el pelo te han quedado como querías: perfectos. No estás fea, pero no estás perfecta, y querías estarlo. De nuevo, toda tu realidad pagando el precio de una mera expectativa.

Manda todo a la mierda, joder. Qué más da si no te ha quedado el pelo o el maquillaje perfecto; sigues siendo una diosa. Que no te baje el ánimo, que no te frustre, que no te enfade, que no te deprima. La perfección no nos interesa, nos interesa la actitud. Sí, la actitud frente a la vida, querida. Qué más da si no tienes el culo de Emily Ratajkowski; tienes el culo de como quiera que te llames Y sigues siendo una bomba de relojería con ese tremendo cuerpazo que te gastas, tengas la talla que tengas. Qué más da si este chico no te pide salir, está claro que no es el indicado o ya te lo habría pedido. Y, en serio, ¿para qué quieres salir con el inadecuado? Tú no eres una parada en el camino, eres un destino, y no deberías estar con nadie que no te considere así. ¿Que has perdido el tiempo? Pues sí, pero, mira por dónde, tienes en tus manos el poder de recuperarlo ahora mismo, y queriéndote todavía más a ti misma.

QUEEN ENERGY

No vivas de expectativas; nunca se van a cumplir. No esperes nada de nada ni de nadie. Simplemente no esperes, vive. Ve al gimnasio sin esperar que dentro de cuatro meses puedas tener un cuerpo de modelo. Ve a una cita sin esperar que sea un apuesto rey y te vaya a convertir en reina consorte. Prepárate frente al espejo sin esperar que todo vaya a quedarte perfecto. **Cualquier día de estos en los que vives sin esperar, acabarás viviendo lo inesperado.** Eso es vivir. Eso es reinar.

UN FINAL INESPERADO

En uno de los viajes de Sissi a Ginebra, un hombre aturdido chocó contra ella mientras caminaba. Algo más tarde, al subir a su barco, la emperatriz cayó desvanecida. Lo que había parecido un simple encontronazo en la calle fue, en realidad, un asesinato. Un anarquista italiano le había clavado un estilete cerca del corazón, y nuestra emperatriz murió trágicamente a la edad de sesenta años.

Isabel de Baviera se pasó la vida esperando llegar a la cúspide de su belleza, pero no contaba con el paso del tiempo. Como a todos nos ocurrirá, ella también envejeció. Perseguida por sus expectativas y las que otros pusieron sobre ella, esperaba algo que probablemente estaba viviendo en ese preciso momento. La cúspide de su belleza nunca iba a llegar, pues si ella se sentía fea por los signos de la edad, cada día estaría más lejos de ser joven. Su expectativa nunca se iba a cumplir, y no quiso darse cuenta. Tras la muerte de su hijo Rodolfo, no se dejó fotografiar más y solía taparse la cara con un abanico.

TU FUTURO ES AHORA

Cuando creemos que lo tenemos todo controlado, la vida nos sorprende. De repente viene a decirnos: «Hay algo que está fuera de tu control, y soy yo». No sabemos nada de lo que puede pasar mañana, ni pasado mañana, ni al día siguiente. Sería inútil vivir obsesionadas con algo futuro que ni siquiera sabemos si llegaremos a experimentar. Tampoco hay que tener miedo; somos *queens*, pero no *drama queens*. Lo más seguro es que llegues a la fecha, pero es mejor no hacer que todo tu calendario gire en torno a ella. Lo que no es tan seguro es que se cumplan tus expectativas sobre lo que te había estado obsesionando todo ese tiempo atrás.

Cuando busques algo más de lo que ya tienes, cuando estés descontenta por no alcanzar tus expectativas, cuando estés frustrada contigo misma por no ser perfecta para algo en concreto, intenta este ejercicio: agradecer las infinitas cosas buenas que ya tienes. Si no se te ocurre ninguna, yo te puedo decir varias. Para empezar, has tenido el suficiente dinero como para comprar este libro, lo que me da a entender que, por lo menos, tienes también el suficiente para poder comer mañana. Esto ya es motivo de agradecimiento. Voy a suponer también que tienes una casa, un techo bajo el que dormir, y que en la casa en la que vives también hay una ducha en la que puedes asearte. También que tienes una cama y cuatro paredes que te aíslan del frío desnudo que se siente en la calle. Solemos dar todo esto por sentado, pero no te imaginas la de gente que tiene que sobrevivir cada día sin tener ninguna de estas cosas.

151

Puede que tus expectativas irreales no se cumplan, o que los demás te estén criticando por no llegar a sus estándares, pero te aseguro que nada de eso es lo realmente importante. Lo importante ERES TÚ, tu salud física y mental, la gente que te quiere y la gente a quien tú quieres. Si a Sissi no la hubieran dejado sola en una jaula dorada, seguramente su carácter rebelde se hubiera impuesto a las críticas de la corte y habría podido ser más feliz, pero la arrancaron de su hogar y de todo lo que importaba de verdad y acabó prestando demasiada atención a lo que no era fundamental. Cuando te sientas frustrada, intenta recordar qué es lo importante y da gracias por tenerlo, porque, a veces, ni siquiera una emperatriz puede alcanzar esa riqueza.

EL AS EN LA MANGA

Tienes solo una vida; no la pases esperando, pásala viviendo. El día de mañana, lo que quedará serán las cosas que hayas vivido, la gente a la que hayas querido y te haya correspondido y todas las experiencias que hayas conseguido acumular. Lo que no hayas hecho por si quedaba imperfecto caerá en el olvido, pero lo que hayas hecho y disfrutado se volverá perfecto porque tú lo habrás hecho así.

MANDATO 8

Nadie pasará por encima de tu cadáver

POR COCO CHANEL

El acto más valiente es pensar por una misma. En voz alta.

COCO CHANEL

ADMIRO TANTO A COCO CHANEL que no soy capaz de resistirme. He de empezar directamente por su historia.

UN IMPERIO DESDE CERO

Gabrielle Bonheur Chanel, AKA Coco Chanel, fue una diseñadora de moda francesa nacida en el año 1883. Su madre era lavandera en un hospital caritativo y su padre vendedor ambulante, y Gabrielle fue la segunda de ocho hermanos. Cuando la madre de Gabrielle falleció, a todos sus hermanos los enviaron al campo a trabajar, mientras que a ella y a sus dos hermanas las enviaron al orfanato de un convento. Por obra del destino, su exitosa vida comenzaría tras lo que fue una gran tragedia familiar.

Durante su estancia en el orfanato, Coco Chanel aprendió a coser y a bordar, dotes que más adelante le servirían para levantar una de las firmas más exclusivas del mundo. Al salir del convento, consiguió un trabajo como costurera en Moulins. Por las noches se dedicaba a cantar en un cabaret de la misma zona, pues la diseñadora no ocultaba su talento musical. En La rotonde, como se llamaba el local, conoció a Étienne, un exoficial de caballería heredero de una empresa textil. Con la ayuda de este apuesto caballero, consiguió abrir su primera tienda de sombreros en París, que enseguida empezó a dar beneficios. Gracias a los contactos de Étienne, amante de Coco, pero, sobre todo, al inmenso talento de la diseñadora, sus sombreros triunfaron enseguida, y poco después pudo permitirse abrir una segunda tienda, donde amplió su catálogo para incluir prendas de ropa. Gabrielle es el claro ejemplo de mujer trabajadora a quien, aunque le prestaran ayuda, nunca le regalaron nada. Levantó un imperio y conquistó el mundo de la moda gracias a su arte, su humildad y su carisma.

LA REVOLUCIÓN PARA TODAS LAS MUJERES

Después de abrir su segunda tienda, el negocio de Gabrielle despegó definitivamente. Sus diseños eran tan aclamados que en cuestión de un año ya le había devuelto a Boy Capel, otro de sus amantes, todo el dinero que le había prestado. La diseñadora provenía de un ambiente completamente humilde y había entrado en contacto con la sofisticada élite parisina, y esa mezcla de perspectiva entre ambos estilos de vida le permitió crear moda *PARA TODAS LAS MUJERES*. Gabrielle sabía que la elegancia se lleva dentro y que el lujo está en el interior y no en una única clase social.

Sus prendas encantaban tanto a las mujeres de la *jet set* de París como a las que nunca podrían haberse permitido ciertas prendas, pero que ahora, gracias a Chanel, empezaban a creer que también eran para ellas. Coco había logrado el monopolio de la vestimenta en la capital francesa, su nombre estaba en boca de todos y todas. La diseñadora dio una vuelta completa a la moda femenina de la época: promovió el uso del pantalón, eliminó prendas incómodas para las mujeres como el corsé o las faldas pesadas y convirtió el estilo de las mujeres en algo mucho más moderno, cómodo y casual. De verdad, no te puedes imaginar la cantidad de ropa de tu armario que no estaría ahí si no fuera por la influencia en la moda de Coco Chanel.

UNA REINA NUNCA SE ESTÁ QUIETA

Cuando abrió su tercera tienda de ropa en Biarritz, una localidad elegante de la costa vasca, lugar de recreo de adinerados exiliados de guerra, la diseñadora conoció al duque ruso Dimitri Romanov, que se convertiría en su próximo amante. No mucho más tarde, estallaría la Primera Guerra Mundial.

Con las dificultades que se vivían en los tiempos de guerra, Coco sintió el peligro de quedarse atrás, así que comenzó a expandirse a otros campos. ¿Parar, ella? Antes muerta. Como ella mismo dijo: si tú vida no te gusta, créate una nueva. Fue entonces cuando concibió el famoso perfume Chanel N.º 5, que adquiere ese nombre al ser la muestra número 5 de las que le dieron a elegir. El cinco era, además, su número favorito. El perfume saldría a la venta el día 5 de mayo, el quinto mes del año, y para ella la sincronización de estos sucesos le pareció una señal. Dejarse guiar por su intuición la recompensó con una de las decisiones más exitosas de su vida.

Por aquella época también diseñó el famosísimo minivestido negro con la intención de que las mujeres que iban de luto en una época tan trágica pudieran ir de negro a la vez que elegantes. Aquel *petite robe noire* es historia de la moda y sí, es en el que se inspira ese vestidito negro que tan bien te sienta y que guardas en el armario para cuando quieres estar espectacular sin que parezca que te lo has currado.

Después de crear ese imprescindible de la moda que tanto nos ha dado, Coco se podría haber retirado si hubiera querido, pero esta *queen* sabía que su reinado podía ser todavía más grande y ni se le pasó por la cabeza descansar. Mientras estrenaba sus primeras piezas de joyería de diseño, tuvo numerosos romances con personajes influyentes de la época, poetas, escritores y algún que otro duque. Sin embargo, el hecho de tener amoríos con cualquiera de ellos no se interpuso en absoluto entre su negocio y ella misma. LO PRIMERO ERA SU REINO, lo segundo, sus amantes.

HAZ DE TUS RECUERDOS OBRAS DE ARTE

En unos tiempos tan difíciles, Coco sacó inspiración suficiente como para que su firma siempre estuviera encaminada al estrellato. Chanel convirtió cada momento vivido y cada amante conocido en inspiración para crear sus diseños, y para ello no solo era la ropa de cada hombre lo que espoleaba su creatividad. Ella entendía que el ciclo que constituye que un hombre aparezca y, tal como ha venido, se vaya, no es más que una forma de aprender una lección a través de los momentos compartidos. Para ella, esa lección era una prenda de ropa, un bolso o un perfume.

Toda la inspiración de la diseñadora salía de su propia vida. El icónico bolso de Chanel 2.55 es un gran ejemplo.

Emblema de la marca, lo han llevado desde Brigitte Bardot a Alexa Chung y es, desde hace décadas, uno de los accesorios más codiciados. Coco Chanel diseñó el interior del bolso pensando en el uniforme de sus años de orfanato y para el exterior acolchado se inspiró en los chalecos que llevaban los jinetes en las carreras de caballos que tanto le gustaban. Otra de sus creaciones icónicas es su famosísimo traje *tweed* que tantas *vibes* de *girlboss* transmite. Para él, se dejó llevar por la ropa de su amante, el duque de Westminster, tras darse cuenta de que con un par de cambios podía ajustarlo a la figura femenina. Una y otra vez, Coco Chanel tomaba los momentos vividos y los matices del lujo y los convertía en colecciones eternas.

SI NO SABES QUÉ HACER CON ÉL, ÚSALO DE INSPIRACIÓN

Una tarde en las carreras de caballos puede acabar convirtiéndose en la esencia de un bolso imperecedero, pero ¿sabes qué más puede volverse algo que merezca la pena? Tus peores momentos, esos en los que creías que todo se veía negro o de los que pensabas que nada bueno podría salir. Y, por supuesto, hasta el cucaracho más infame puede terminar por aportarte algo útil... si sabes cómo hacerlo.

Si no se compromete contigo, si estás ahí y no sabes ni por qué, pero no eres capaz de irte, hazme caso y *EXPRÍMELO*. Exprime su jugo, deja que eso que tienes con él no se convierta en una pérdida de tiempo, permítete inspirarte para lograr algo en tu favor. Todas las personas de este mundo, tanto las mejores como las peores, tienen algo que enseñarnos. Descubre qué es eso que te puede servir como maqueta para construir tu palacio. ¿Que solo ha querido y quiere sexo contigo? No te vayas con las manos vacías, utilízalo de inspiración y deja de revolcarte en tus lágrimas por no haberte convertido en la mujer de su vida. ¿Para qué ser la musa si puedes ser la artista?

QUEEN ENERGY

¿Tú te crees que Taylor Swift escribe sus canciones inspirándose en lo que comió ayer por la noche? No. Escribe sus canciones inspirándose en sus experiencias con el desamor, en los hombres con los que ha tenido un romance y no ha salido como ella esperaba. Taylor convierte en millones de dólares el error de haber salido con un tío que no la ha valorado y tú puedes hacer lo mismo. Coco Chanel dijo que la moda pasa, pero el estilo permanece, y yo te digo que los hombres pasan, pero tú has venido para quedarte.

Tú eres la mujer de tu vida, tú tienes el control de tu reino, tú decides si has perdido o no el tiempo, tú marcas tus límites y levantas tu castillo si lo han saqueado. Cada hombre que pasa por tu vida no tiene por qué ser el indicado, es mejor saludarlos con un: «¿Vienes a mi vida? Veamos qué aprendizaje puedo sacar de ti y en qué bolso de lujo te voy a acabar convirtiendo». Si más tarde resulta que después de dos colecciones de verano y primavera de bolsos inspirados en él, Jake acaba siendo el hombre de tu vida, estupendo. Y si no, estupendo también. Si no son un *must* en tu corazón, que lo sean en tu armario. Si ellos han usado tu corazón, tú usa tus memorias. Convierte a ese ladrón de tiempo en una buena facturación anual.

¿TODO POR UN HOMBRE? *I DON'T THINK SO*

Cuando estalló la Segunda Guerra Mundial, en 1939, Coco tuvo que cerrar todas sus tiendas menos una perfumería, volvió a París y comenzó un idilio con un diplomático alemán. Cinco años después, cuando la capital francesa se liberó del nazismo, la arrestaron debido a su romance con el alemán y la acusaron de espía de los nazis. Aunque la pusieron en libertad al poco tiempo, tuvo que irse de Francia y mudarse a Suiza durante unos años. Su reputación cayó en picado y no iba a

¿PARA QUÉ SER LA MUSA SI PUEDES SER LA ARTISTA?

ser cosa fácil volver a ganarse a los franceses, que tanto la admiraban antes del conflicto.

Coco Chanel puso en peligro todo su imperio, una de las firmas de moda más importantes, por su romance con un nazi. Aquello de «tú no eliges de quién te enamoras» es muy cierto, pero ¿hasta qué punto eres capaz de sacrificar tu legado, tu negocio y toda tu vida por un hombre? Imagina por un momento que la hubieran declarado culpable de espionaje a favor de la Alemania nazi: lo habría perdido todo. Chanel no existiría hoy, y es que, para cuando terminó la guerra, la firma todavía no había alcanzado su máximo esplendor. Para eso, la diseñadora tendría que volver a Francia diez años después.

He conocido a personas que han llegado a mentir en un juicio por tratar de salvar a su pareja, a pesar de que era culpable. Una pareja que no los valora, que no daría ni dos duros por salvarlos a ellos y a la que lo único que le importa es que sigan ahí como perros falderos. Y tú ¿hasta dónde llegarías por salvar a alguien que no te merece? ¿Pondrías en peligro toda tu vida? Espero que la respuesta sea que no. Esto no es Romeo y Julieta, un amor prohibido pero correspondido, una lucha entre familias enemigas. Esto es jugarte la vida por alguien que no te quiere, punto. Quien te quiere bien no te pone en esa tesitura, y quien te pone ahí hace cualquier cosa menos quererte. Atenta a esas *red flags*, que están ondeando fuerte.

TÚ, LUEGO TÚ, LUEGO TÚ, LUEGO TÚ, LUEGO TÚ Y LUEGO ~~ÉL~~ *TÚ*.

Coco no llegó a sufrir mucho más que un arresto, interrogatorios y unos días que casi seguro que le quitaron años de vida, pero al final la pusieron en libertad sin cargos. Por astucia o suerte, se libró de renunciar a su queridísimo legado, aunque estoy segura de que, a raíz de aquello, no se le volvió a pasar por la cabeza anteponer a un hombre a su futuro. Espero que Coco Chanel y tú ya tengáis una cosa más en común: que vuestra esencia diga: «Primero yo, y después también».

¿Cuáles son tus sueños? ¿Qué añoras cuando cierras los ojos y te dispones a dormir? ¿Qué quieres en tu vida? ¿Qué no quieres en tu vida? ¿Cuáles son tus metas? Desde convertirte en la CEO de la empresa que más te guste hasta crear tu propia firma, desde sacar un *single* que entre en el top de éxitos globales hasta salir en una película de Steven Spielberg, desde ser una abogada excelente hasta tener tu propia tienda de pastelería. Sea lo que sea lo que te haga feliz, lucha por ello. Persigue tus sueños, tus metas, tus anhelos. Ve a por eso para lo que crees que estás hecha.

Utiliza tus experiencias, vive una más cada día, inspírate en cada memoria que adquieras. Sé consciente de lo que eres capaz. Coge la salida 5555 hacia tu reinado, no te equivoques y salgas por la de redireccionar tu vida para poder estar con él.

No dejes que un hombre se interponga en el camino entre tu futuro de éxito y tú misma. Quiérete más, alza la mirada y que no te cautiven las distracciones. Que no te cuelen el caballo de Troya.

MEJOR SOLA QUE MAL ACOMPAÑADA

Cuando Coco volvió a Francia, presentó la colección más emblemática de su vida. París se volvió loco al ver el traje *tweed* y el clásico bolso 2.55. A raíz de esto, ya no solo era conocida en su país: también lo fue en Inglaterra, Estados Unidos... Las actrices más famosas de la época, como Grace Kelly o Elizabeth Taylor, vestían sus diseños. Jackie Kennedy, la mujer del presidente de Estados Unidos por aquel entonces, también vestía Chanel. Coco logró que las mujeres más influyentes y las de clase media se encontraran en el camino del buen gusto. Chanel ya no era solo una firma espectacular; también era un icono de la moda femenina universal.

El domingo 10 de enero de 1971, Coco Chanel sufrió un paro cardiaco en la suite del hotel Ritz de París, en la que llevaba viviendo más de tres décadas. Nuestra diseñadora falleció en plena soledad. Nunca se casó, tampoco tuvo hijos y en sus últimos años de vida solo recibía visitas de unas pocas personas de confianza. ¿Tú crees que, si hubiera tenido miedo a morir sola, sin marido ni hijos, no se las habría arreglado para contar con compañía? Era una mujer brillante y no le habrían faltado pretendientes, porque dejaba huella en la vida de todas las personas que conocía.

Pero Coco Chanel no tenía miedo a morir sola, como tampoco lo tuvo a vivir sola. No le suplicó a nadie compañía ni rebajó sus estándares por conformarse con un amor superficial. Prefirió estar sola hasta el día de su muerte antes que mendigar migas de cariño. Aunque de pequeña lo único que ansiaba era ser amada e incluso llegó a pensar en quitarse la vida si no lo conseguía, su propio orgullo la salvó, como ella mismo dijo. Simplemente no encontró al indicado, pero no dejó que aquello se convirtiera en un problema. Incluso sabiendo que su final estaba cerca, por encima de su cadáver iba a preferir estar mal acompañada a estar sola.

TU SOLEDAD ES PARTE DE TU PALACIO

Con esta historia no pretendo decirte que debes hacerte a la idea de que es mejor morir sola que acompañada. Pero sí tienes que estar conforme, a gusto, tranquila, en paz. Nunca estarás sola de verdad si te tienes a ti misma. ¿Te parece una tontería? Para mí no lo es. Coco Chanel lo hizo todo prácticamente sola, desde que era una cría hasta su último día, y las cosas no le pudieron ir mejor. No tienes que tener miedo de estar sola porque no lo estás, jamás. Te tienes a ti misma: eres la persona que te va a acompañar en todo momento, desde que naces hasta el día en que te mueras.

Has de aprender a estar cómoda con tu soledad. No es mala, no es tu enemiga. Todo lo contrario; es tu autodescubrimiento. Cuanto más tiempo pasas en soledad, más aprendes a conocerte a ti misma. Y te aseguro que si hay una persona que mereces conocer, esa eres tú. Si viviéramos pegados los unos a los otros, careceríamos de personalidad, seríamos todos iguales. Coco Chanel dijo: «El único modo de ser irreemplazable siempre es ser diferente». Y... ¿cómo vas a ser diferente si no te dedicas tiempo a descubrir quién eres por ti misma?

Desde el momento en que nació hasta que murió, Coco Chanel fue una estrella. Después de sufrir la muerte de su madre y verse separada del resto de su familia para crecer en un orfanato, dedicó toda su vida a construir su imperio. Gracias a su esfuerzo y su convicción, una niña sin un solo recurso consiguió fundar una empresa que hoy cuenta con un patrimonio de miles de millones de dólares. Toda su vida fue un mérito, porque Coco jamás se planteó otra opción. ¿Fallar, ella? Por encima de su cadáver.

QUEEN ENERGY

Aprovecha tus momentos en solitario y conócete a ti misma. Disfruta de algún *hobby* que te guste sin necesidad de ir acompañada, sal de tu zona de confort y vete a cenar sola, a comer sola, a pasear sola. Ve al museo sola, a la cafetería sola, a correr sola. Regálate a ti misma flores, bombones, helado, escríbete cartas diciéndote lo orgullosa que estás de ti misma. Te parecerá empalagoso, pero es que te lo mereces, querida. Eres una diva serena y majestuosa, y no necesitas recibir amor, reconocimiento, validación o atención de nadie porque eres capaz de brindarte todas esas cosas **tú sola**.

EL AS EN LA MANGA

«Si naciste sin alas, no hagas nada para evitar que crezcan»; es una de las frases de Coco Chanel que más me gustan. Una de las maneras de evitar que tus alas se desarrollen es dejar que su crecimiento dependa de los demás. ¿Por qué entregar las riendas a otra persona? Eres capaz de todo, y eres capaz sola. Te prometo que puedes cumplir todo lo que te propongas. Lo único que compite contra ti es tu propio potencial, y lo único que puede pararte es el miedo.

MANDATO 9

Escogerás antes bueno por conocer que malo conocido

POR AUDREY HEPBURN

Siempre sé una primera versión de ti.

AUDREY HEPBURN

LA HISTORIA no es algo que se deba repetir. De lo contrario no sería historia; sería un círculo vicioso. El pasado existió para que aprendiéramos de él y el futuro existirá para no replicar el pasado. «Pero ¿no se pueden repetir los buenos momentos?», podrás pensar. Yo te respondo: no.

Por mucho que quieras repetir un buen momento, nunca podrás lograrlo. Siento decirte que el instante tan maravilloso que quieres volver a reproducir en tu vida ya pasó. Fue en un espacio-tiempo al que es imposible volver, a no ser que tengas una máquina del tiempo, algo que dudo bastante. Puedes intentar plagiarlo, copiarlo o emularlo, pero, como una imitación falsa de una Gucci *bag*, el nuevo nunca podrá igualar el original. Tus esfuerzos por volver a vivir aquello tan espectacular serán en vano. Lo único que hace justicia a ese momento es tu memoria.

¿Qué ocurre entonces cuando echamos de menos algo o a alguien?: Lo que buscamos es repetir momentos. No nos vale con el simple recuerdo, queremos volver a vivirlo. Por eso mismo repetimos conductas, patrones, lugares, personas... Aun así, nada será igual, y menos cuando los buenos momentos han sido escasos y los malos abundan, algo que a veces decidimos olvidar. Vale, puedes pensar: «Me acuerdo de lo bien que estaba con mi exnovio cuando dormimos juntos aquel día, lo echo de menos a pesar de todo lo malo, quiero ir a su casa, volver con él y que estemos tan bien como entonces». Pero ¿qué puede pasar cuando vuelvas a la casa de tu expareja y retomes la relación?

1. Que el momento que esperabas revivir no cumpla con tus expectativas.
2. Que, con la expectativa de revivir ese momento en el futuro, alargues la relación.
3. Que ese instante nunca vuelva a darse tal y como lo buscabas, y que simplemente hayas actuado en vano, perdiendo meses o años de tu vida intentando volver al pasado.

Los momentos buenos no pueden repetirse, solo pueden dejar sitio a otros nuevos. No hay nada de malo en esto. Todo lo contrario, es lo mejor que podría pasarte, porque significa que estás viviendo tu vida. Significa que estás creando momentos sin pensar en los de ayer. ¿De verdad prefieres desperdiciar tus días idealizando tu pasado con ese cucaracho que te puso los cuernos veinte veces? ¿De verdad quieres pensar que lo mejor de tu vida ya ha quedado atrás? ¿De verdad no me vas a creer si te digo que tu destino de diosa inigualable está esperando a que vayas a por él?

Vamos a ver: ¿Tú caminas hacia delante o hacia atrás? Caminas hacia delante, ya te lo digo yo. Puedes acordarte del pasado y sentir nostalgia o melancolía, puedes echarlo de menos o puedes aprender a vivir satisfecha con el simple recuerdo. Puedes echar de menos salir una noche de esas en las que te bebías cinco copas y te lo pasabas genial borracha, pero, si era algo que afectaba a tu salud, a tu toma de decisiones, a tu razón... Mejor que cuando salgas te tomes solo una copita. Y los recuerdos, recuerdos son.

Es normal echar de menos algo tóxico que te brindaba un placer momentáneo y efímero, y también es normal acabar cediendo a tu impulsividad y volver a caer, aunque sea solo por una vez más. Lo inteligente, no obstante, es no hacerlo. Tú decides si prefieres ser una sumisa de la impulsividad disfrazada de deseo y dejar que la historia se repita, o ser más consciente, inteligente y sensata y no prorrogar ni un segundo más algo que dañará tu futuro. Si desoyes ese impulso de replicar un recuerdo imposible, te darás cuenta de que volver con tu expareja tras haber vivido una relación nefasta es un autoengaño, fruto de la inconsciencia.

Audrey Hepburn, nacida en 1929 en Bélgica, estrella de Hollywood en los años cincuenta y mujer excepcional en muchos otros ámbitos, tuvo numerosas ocasiones de vivir anclada en el pasado de alguno de sus tres grandes amores. Sin embargo, nadie entendió mejor que ella que una reina no puede vivir en las ruinas de un castillo. Dejando el pasado en su sitio, se aseguró de construirse un futuro que la llevara hasta el trono absoluto del cine de la época.

QUERER MAL NO ES QUERER

Mucho antes de que los focos y las alfombras rojas de Hollywood marcasen la vida de Audrey Hepburn, fue el abandono de su padre lo que definió su infancia. El primer amor de tu vida es el de tus progenitores, y no todos y todas han tenido el privilegio de un amor paternal incondicional. Ella misma dijo que el hecho de que su padre la abandonara le hizo sentir inseguridad en muchas ocasiones. Fue su madre, Ella, mujer fuerte y resolutiva, quien se hizo cargo de su hija de siete años cuando su marido las abandonó. Se la llevó consigo a Londres para que Audrey pudiera acabar cumpliendo su sueño de ser bailarina de ballet, y consiguió el dinero para la escuela de la pequeña trabajando de conserje en un palacio. Llegó a limpiar las escaleras de rodillas, solo para que su hija pudiera continuar con lo que más feliz la hacía. Las madres, que son un regalo.

La madre de Audrey fue la primera persona que le enseñó lo que era un amor del bueno, ese que hace mejor persona tanto a quien lo da como a quien lo recibe. Incluso en una situación tan drástica como el abandono de su marido, Ella se entregó en cuerpo y alma a su hija y luchó para que sus deseos pudieran cumplirse. Quizá gracias a este ejemplo, Audrey pudo comprender más tarde las diferencias entre querer bien y querer mal, y, con el tiempo, supo poner límites en las relaciones que no le daban lo que ella merecía.

LOS CUATRO GRADOS DEL SABER QUERERTE

Antes de seguir con la vida de nuestra impresionante actriz, déjame contarte los cuatro grados del *saber quererte*, ordenados de mayor a menor cantidad. Te van a ser muy útiles para poder medir en qué punto estás.

1. Te encontraste en una relación en la que tus límites no se respetaban, no te sentías bien contigo misma y eras infe-

liz. Así que, sin alargar esta situación tóxica, comprendiste que mejor bueno por conocer que malo conocido. Te fuiste y jamás volviste. *BRAVA*.

2. Te encontraste en una relación en la que tus límites no se respetaban, no te sentías bien contigo misma y eras infeliz. Sin embargo, alargaste esta situación tóxica esperando que en algún futuro cambiara a mejor, hasta que te diste cuenta tú misma de que ese momento nunca llegaría. Te fuiste y jamás volviste.

3. Te encontraste en una relación en la que tus límites no se respetaban, no te sentías bien contigo misma y eras infeliz. Alargaste esta situación tóxica esperando que en algún futuro cambiara a mejor y empezaste a dudar de que ese momento fuera a llegar, pero decidiste agarrarte aún más fuerte al clavo ardiendo. Te fuiste, volviste y aquí sigues.

4. Te encontraste en una relación en la que tus límites no se respetaban, no te sentías bien contigo misma y eras infeliz. Alargaste esta situación tóxica esperando que en algún futuro cambiara a mejor, y así continúas autoengañada a día de hoy, en una relación en la que tus límites no se respetan, no te sientes bien contigo misma y eres infeliz. Nunca te llegaste a ir.

CALIDAD Y NO CANTIDAD

Hay personas que sueltan un «te quiero» igual que un «buenas tardes» y otras que preferían entregar todos los datos de su tarjeta de crédito al primer extraño antes que verbalizar esas dos palabras. Y seguro que has llegado a tener alguna pareja, amiga o familiar con la audacia de decir «te quiero» después de haberte casi destrozado la vida. Para estos debería haber un cachito de infierno reservado, porque es difícil llegar a ser más rastrero. Que crean que te quieren, o que lo creas tú, no significa que lo hagan, al menos bien. Lo que sí pueden es quererte mal.

Que alguien a quien quieres te haga daño no significa que no te quiera bien. El daño es humano. El dolor involuntario y libre de intención, es humano. Los errores son humanos. El problema está cuando el daño comienza a ser recurrente e intencionado. Puede ser incluso que en algún momento traten de justificarlo con un «lo he hecho porque te quiero». *SPOILER: BULLSHIT*. Esto nunca es verdad. Alguien que te quiere desde lo más profundo de su corazón y que busca lo mejor para ti nunca te haría daño porque «te quiere». Quien te lo hace, lo hace por egoísmo e interés propio. No te los creas.

He tenido muchas amigas que a lo largo de mi vida me han dicho: «No soy feliz, pero es que nos queremos mucho». «Nos queremos mucho» es una frase interesante. ¿Cuánto es «mucho»? ¿Y es «mucho» sinónimo de «bien»? ¿De qué sirve prolongar una relación si os queréis mucho, pero no bien? Yo te digo la repuesta: de nada. Te quedas ahí por una creencia errónea y por el miedo a decir adiós y desprenderte. Lo que te impide actuar es el terror anticipado a despedirte, arrepentirte y echar de menos todos esos momentos que habéis vivido y que te niegas a aceptar que ya no reviviréis. Nuestra querida Audrey te diría: «Cariño, tener que irte es inevitable, dejarás una estela y brillarás allí donde pertenezcas».

RENACER NO ES FRACASAR

Audrey Hepburn se casó por primera vez en 1954 con el actor Mel Ferrer, que fue su compañero de pantalla durante muchos años. A pesar de una infinidad de dificultades a la hora de tener hijos, algo que atormentaba en gran medida a Audrey y hacía que la relación se tambalease, se dice que fueron muy felices la mayor parte del matrimonio. Así lo aseguraba Sean Hepburn Ferrer, el hijo que al final sí pudieron tener, quien también confesó que su padre era un hombre difícil. Es probable que fuera aquello lo que desató las ganas de Audrey de plantear el divorcio. Nuestra estrella del cine aguantó todo lo que pudo dentro de la relación por su hijo y por respeto al amor que la había llevado a contraer matrimonio con Mel Ferrer, pero al final dijo «basta». Estuvieron catorce años juntos y se divorciaron en 1968.

QUEEN ENERGY

Divorcio, separación y ruptura son palabras que atormentan a las mujeres. Seguro que has oído algo como «si me divorcio, me separo de mi marido, esposo o novio, o rompo con él, mi matrimonio o relación ha sido un fracaso». Perdona que te diga, querida: claro que ha sido un fracaso, pero es que aquí no le tenemos miedo a eso. Somos alumnas del fracaso, **el fracaso nos enseña y nosotras sacamos un diez en éxito**.

El plan de Audrey, como el de toda mujer cuando ve que su relación pierde estabilidad, fue intentar alargarla lo máximo posible. Sin embargo, en el momento de la verdad, cuando se divorció, comprendió que, simplemente, todo había acabado. Dijo adiós y se desprendió de sus ataduras. Aun compartiendo un hijo con su exmarido, caminó hacia delante en busca de nuevos horizontes. ¿Volvió a estar en alguna ocasión con Mel Ferrer? No. ¿Sabes por qué? Porque comprendió el pasado y

EL FRACASO
NOS ENSEÑA
Y NOSOTRAS
SACAMOS UN DIEZ
EN ÉXITO.

supo que volver donde las cosas no funcionan no era una opción. En otras palabras: sabía que volver con tu ex no sirve de una mierda.

DESAYUNO CON TU AMANTE

Un año después de la ruptura, Audrey conoció a un psiquiatra que la cautivó de inmediato: el italiano Andrea Dotti. Contrajeron matrimonio en 1969, y en 1970 nació su hijo, Luca Dotti. Por desgracia, lo que parecía un matrimonio de ensueño acabó siendo la peor pesadilla de la protagonista de *Desayuno con diamantes*. Este médico era apuesto, inteligente... y más infiel que una rata. Le estuvo poniendo los cuernos a Audrey durante todo el matrimonio, y no te creas que fue muy discreto. Todo el mundo sabía de sus infidelidades, pues lo pillaron en fotografías con más de dos centenares de mujeres distintas.

No fue hasta que ella no pudo más con tanta humillación que decidió abandonar la unión. El matrimonio duró hasta 1982, y tú te preguntarás: «¿Cómo consiguió la mismísima Audrey Hepburn aguantar trece años con un hombre que le ponía los cuernos constantemente?». Pues por la misma razón de la que llevamos hablando todo el capítulo: ella conoció una versión de él que la enamoró y se quedó esperando a que en algún momento ese hombre que conoció volviera. *And guess what, he never came back.*

SAPOS DISFRAZADOS DE PRÍNCIPES

Lo que le pasó a nuestra *queen* no es para nada extraordinario y suele ocurrir a menudo. El hombre apuesto y caballeroso, aparentemente perfecto, del que no sabemos ni cómo es capaz de reunir todas las cualidades que nos enamoran en un solo ser, acaba siendo el más sorprendente de todos. Un teatrero, un falso, un embaucador. Te cautiva y te hipnotiza con sus palabras, su soberbia disfrazada de inteligencia y su labia, y todo para que, en cuestión de tiempo, empiece a descuidarte y a mostrar la faceta que había mantenido escondida hasta que pronunciaste el «sí, quiero (salir contigo)».

Podrás pensar: «¿Por qué un hombre tan infiel, y consciente de que lo es, decide contraer matrimonio y fastidiarle la vida a una mujer tan excepcional? ¿No habría sido más fácil para él seguir soltero?». Sería una gran pregunta si no se te estuviera olvidando que estamos hablando del rey de los asquerosos, el *EMPERADOR DE LOS CUCARACHOS*. Dotti no tenía sentido de la bondad ni de la empatía. ¿Tú te crees que alguien como él dejaría escapar a una mujer como Audrey Hepburn? Ni de broma. Fue su oportunidad de oro, su premio gordo, su milagro.

Aun siendo consciente de que le haría daño a Audrey, quiso tenerla enterita para él, y la única manera de hacerlo era casándose con ella. Total, él iba a seguir actuando como si el anillo fuese un accesorio barato de Shein que no le podría importar menos.

Dotti era el narcisismo en su máximo esplendor. Hacerle daño a Audrey le era indiferente con tal de asegurarse de que ella solo estaría con él. ¿Habría preferido estar soltero antes que casarse? Seguramente fuese así, pero casándose hacía a Audrey «suya», pese a que solo fuera por unos años. Gracias a Dios, nuestra estrella vio la luz y consiguió salir de ese pozo sin fondo. No me imagino qué habría sido de ella si hubiera seguido con él toda la vida.

LO QUE ME MEREZCO

En 1980, cuando Audrey todavía seguía atrapada en su matrimonio con Dotti, conoció en una gala benéfica a Robert Wolders, también actor y *host* de la gala. Robert se había quedado viudo de Merle Oberon, otra gran actriz de la época dorada de Hollywood, y, tras haberlo heredado todo, estaba subastando las joyas de su difunta esposa con fines benéficos. Cuando se conocieron, Audrey y él se llevaron fenomenal al instante. Él llevaba ya un año llorando la muerte de su mujer, y ella lloraba la infelicidad que la atormentaba, además de la futura separación de su infiel marido, que ya anticipaba. Audrey llegó a decir que quedaban para tomar cervezas juntos y llorar, y no me puede parecer más espléndido.

Después de todo lo que habían pasado, Robert y Audrey supieron encontrar el uno en el otro el apoyo que les faltaba. Cuando Audrey finalmente se separó, comenzaron una maravillosa y recíproca relación que duró hasta 1993, año en el que nuestra estrella del cine subió al cielo. Se entendían, se querían, se cuidaban y se acompañaban el uno al otro. Junto a él, Audrey consiguió todo lo que siempre había merecido: una relación en la que recibiese exactamente lo mismo que daba.

QUEEN ENERGY

No alargar una situación tóxica es darle la bienvenida a algo mejor. Siempre. El cien por cien de las veces. No volver a una situación tóxica no solo es darle la bienvenida a algo mejor, sino también la decisión más inteligente y el mayor acto de amor propio que puedes hacer. Luchar por salvar algo que te mata y está perdido es cavar tu propia tumba. Recuerda: cuando te conformas con poco, recibes poco, pero cuando solo te conformas con lo que mereces, al final acaba llegando.

LOS FINALES FELICES LOS ESCRIBES TÚ MISMA

Audrey Hepburn, la gran estrella de Hollywood, la mujer adorada por todos, encontró al amor de su vida a los cincuenta años. «Tardó en llegarle», dirían, pero creo que ella, el resto de las mujeres del mundo y yo preferimos que llegue algo tan bonito tarde que algo igual de nefasto temprano. La vida no se acaba cuando tienes cuarenta, cincuenta, sesenta o setenta años. Se acaba cuando tu corazón deja de latir; hasta entonces, cada segundo que vivas podría ser el momento en que conozcas al amor de tu vida y recibas todo lo que siempre has merecido.

Audrey dijo: «Mi vida ha sido mucho más que un cuento de hadas. He tenido muchos momentos difíciles, pero sea cual sea la dificultad por la que haya pasado, siempre he recibido el premio al final». Te prometo que, igual que le pasó a ella, si estás dispuesta a salir de donde no te valoran, no te respetan y no eres prioridad, llegarás a alcanzar el premio que te espera al final del camino.

EL AS EN LA MANGA

Eres merecedora de un amor que te apasione, que te enloquezca, que te haga sentir que el corazón se te sale del pecho…, pero que también sea **sano**. «Me merezco lo mejor» es lo que no puedes dejar de repetirte. Créelo, rézalo, recuérdalo todos los días si es necesario. Intégralo tan fuerte dentro de tu subconsciente que, en el momento en que te encuentres con algo mínimamente tóxico, en lugar de sentirte atraída, te repulse.

MANDATO 10

Dirás siempre lo que piensas, sin escrúpulos

POR MALALA YOUSAFZAI

La educación es un poder para las mujeres, y eso es por lo que los terroristas le tienen miedo a la educación. Ellos no quieren que una mujer se eduque porque entonces esa mujer será más poderosa.

MALALA YOUSAFZAI

CALLARSE ES UNA OPCIÓN. No tener miedo a que te contradigan es otra. El peso que tienen las palabras lo medimos nosotras mismas al comunicarlas y al recibirlas. ¿Qué hace que tus palabras tengan más o menos peso cuando salen por tu boca? ¿Qué es lo que provoca que causen más o menos impacto? Que estén acompañadas de un sentimiento y, sobre todo, que sean sinceras.

A la hora de comunicarnos, muchas veces pecamos de piadosas. «No quiero ser tan directa y sincera, puede que le vaya a molestar», «Mejor le pongo una excusa que parezca cierta»… A ver, ¿qué es lo que le va a molestar exactamente? ¿Que le digas la verdad? *GIRL, PLEASE*. Si acabas yéndote por las ramas, tus palabras perderán peso, dejarán de comunicar lo que tratas de decir e incluso puede que el receptor acabe entendiendo algo totalmente distinto a lo que pretendías. Y, aun así, nada de eso será peor que tener que asumir que has renunciado a ser sincera solo por el miedo a cómo se lo vaya a tomar él.

Ese miedo a la reacción del receptor tiene que desvanecerse. *Out of the door.* Por supuesto, hay que tratar de no faltar al respeto; una vez que se pierden las formas, se pierde la razón. Dentro de unos márgenes serenos, incluso con sentimientos fuertes como el enfado o la decepción, hay que intentar no hablar desde el daño al ego, sino desde al corazón. Ser una reina cordial, diplomática y magnífica no está reñido con ser sincera y saber expresar algo que te ha dolido y que no quieres que se repita.

Cuando entiendes que la mayoría de palabras en una discusión son fruto de un ego herido, aprendes a hablar desde la serenidad del corazón. No es lo mismo un: «¿Cómo has podido hacerme esto?», que un: «Me has hecho mucho daño». Lo primero se traduce como: «No entiendo como tú has podido hacerme esto a mí, cuando yo creía que me querías y que era lo más importante de tu vida, y ahora me siento totalmente menospreciada y pienso que no debo importarte en absoluto», que se ve perfectamente que nace de un ego atacado. Lo segundo, en cambio, es como decir: «Voy a ser honesta, no tengo nada que ocultar, has herido totalmente mis sentimientos», y está claro que se dice con el corazón roto y no con un orgullo en ruinas. Te puedo asegurar al cien por cien que lo segundo causa mucho más impacto que lo primero, por una simple razón: la autenticidad de la palabra.

Cuando nos preocupamos más de cómo va a reaccionar el de enfrente que de lo que queremos comunicar, nuestras palabras estarán viciadas por nuestra piedad. Por la piedad y pena, entró la peste. Las malas noticias, los errores, argumentos y opiniones en contra nunca van a ser plato de buen gusto, pero podemos controlar cómo queremos comunicarlos, sin dejarnos llevar por el miedo y sin faltar a la verdad. Lo que jamás podrás controlar será la reacción externa, así que, ¿para qué malgastar tu tiempo en eso?

Nunca tengas miedo de decir lo que piensas o lo que crees, si sabes que no estás tratando de hacer daño a nadie, sino transmitiendo tu verdad. No te calles, no mientas, no excuses. No tienes por qué domar tu punto de vista por sentirte culpable si a alguien le perturba. Tener una opinión y pensar es sinónimo de existir, y si no, que te lo diga Descartes.

Eso es justo lo que nos enseña Malala Yousafzai, la mujer más valiente sobre la que me he podido documentar y la persona más joven en ganar un Premio Nobel de la Paz con tan solo diecisiete años. El galardón le fue otorgado como reconocimiento a su valiente lucha por los derechos de la educación de las niñas en Pakistán y a su defensa de la igualdad de género a nivel mundial. Malala comenzó a cambiar el mundo desde muy joven y hoy, a sus veintisiete años, continúa expandiendo su activismo. A pesar de haber vivido las experiencias más aterradoras que puedas imaginar, no hay absolutamente nada que la acobarde ni que le impida decir lo que piensa.

SIN MIEDO AL ÉXITO

Malala nació en 1997 en Mingora, en el valle de Swat, Pakistán. Su vida cambió drásticamente a los once años, cuando comenzó a escribir con seudónimo un blog para la BBC Urdu en el que narraba su vida bajo el régimen talibán. Sus textos hablaban sobre la educación escolar de las niñas de su comunidad, ya que los talibanes, al hacerse con el control de la región, les habían prohibido el acceso a la educación. Esto enfadaba mucho a Malala, que decidió tomar cartas en el asunto y, ayudada por su padre, activista y profesor, se volcó en impulsar su propio activismo.

Más pronto que tarde, sus palabras contra el régimen talibán y a favor de la educación para las niñas la convertirían en un icono internacional. En 2011, recibió el Premio Nacional por la Paz de Pakistán y la nominaron para el Premio Internacional de la Paz Infantil. Su influencia no paraba de crecer y desató mucho revuelo entre los talibanes. Una niña de solo catorce años estaba en total desacuerdo con ellos y desplegaba

TENER UNA OPINIÓN
Y PENSAR ES SINÓNIMO
DE EXISTIR.

su activismo a nivel internacional, diciendo claramente lo que no le gustaba, ignorando el miedo y las amenazas. ¿Que a los talibanes no les gustaba lo que decía? *PROBLEMA SUYO*. *She had a job* y no iba a rendirse hasta conseguirlo, porque, cuando hablas desde el corazón, nadie puede detenerte.

«YO SOY MALALA»

Malala ya no era una simple niña. Se había convertido en un objetivo al que callar. El 9 de octubre del año 2012, un miembro talibán abordó el autobús escolar de Malala y preguntó por ella. Segundos más tarde, le disparó en la cabeza, dejándola gravemente herida. Este ataque, en lugar de silenciarla, catapultó su causa y la colocó en el centro de la atención global.

Tras el ataque, Malala fue trasladada a Birmingham, Reino Unido, para recibir un tratamiento médico especializado. Sus heridas todavía eran graves, aunque acabó recuperándose y continuó con su vocación: el activismo. En el año 2013, escribió su autobiografía *Yo soy Malala*, que se convirtió en un éxito instantáneo y amplió aún más su reconocimiento. Ese mismo año, Malala pronunció un discurso en las Naciones Unidas, donde declaró: «Un niño, un maestro, un libro y una pluma pueden cambiar el mundo».

El 10 de diciembre de 2014, con tan solo diecisiete años, Malala se convirtió en la persona más joven en recibir el Premio Nobel de la Paz, un reconocimiento que acentuó la importancia de su lucha por la educación de las niñas y la igualdad de género. Con el premio en mano, creó la Malala Fund, una organización con proyectos en Pakistán, Nigeria, Siria y Kenia, que trabaja para garantizar doce años de educación gratuita, segura y de calidad para todas las niñas. Imagínate si hay que ser diosa para que intenten matarte por defender la educación desde tu pueblo y acabes montando una fundación internacional para que todas las niñas del mundo puedan ir a la escuela. El tío que disparó a Malala debe de estar ahora mismo escondido bajo tierra mientras ve cómo ella va *skyrocketing* en un cohete de la NASA.

NADA NI NADIE PODRÁ DETENERTE

En 2017, Malala se matriculó en la Universidad de Oxford, donde estudió Filosofía, Política y Economía. Durante la carrera, no dejó de hacer hueco a conferencias, foros internacionales, *crossovers* con líderes mundiales y, por supuesto, a su activismo constante por los derechos de las niñas. Además de esto, que no es poco, también ha escrito otros libros y ha sido objeto de documentales. En el documental *He Named*

Me Malala enseña su vida de una manera más íntima, mostrando sus desafíos y sus victorias. *¡TE RECOMIENDO MUCHO VERLO!*

El trabajo de nuestra joven nobel no puede ser más impactante. Ha llevado a avances realmente significativos en la educación de las niñas en diversas partes del planeta, ha inspirado a millones de mujeres y ha conseguido mover recursos y toda la atención global hacia la causa. Ha estado trabajando con organizaciones internacionales y con la ONU para apoyar y defender políticas que velen por la educación e igualdad de género en todo el mundo. Nada de lo que ha hecho en su vida ha sido moco de pavo. Lo que Malala ha hecho por las mujeres ha sido literalmente cambiar el mundo.

A día de hoy, Malala sigue siendo una figura imprescindible en la batalla por la justicia social, cuya influencia continúa creciendo. Su compromiso inquebrantable con la causa y su coraje la han convertido en un símbolo de resistencia y esperanza para muchas niñas y mujeres en todo el mundo. Su trayectoria de vida y sus esfuerzos son un vivo ejemplo de que incluso las voces más jóvenes pueden alcanzar un impacto tan notable como para hacer del mundo un lugar más justo.

QUEEN ENERGY

Puedes pensar que Malala tiene todos los recursos a su favor, pero lo cierto es que su primera herramienta siempre fueron las palabras. Las mismas que tienes tú y que puedes decidir cómo usar para transmitir tu verdad. Si eliges las excusas o la mentira por encima de la sinceridad, es muy poco probable que las cosas cambien. Si plantas cara al miedo, le sonríes con toda tu seguridad y le dices que no tiene nada que hacer contigo, te aseguro que encontrarás el poder para dar la vuelta a cualquier situación.

NI A PUNTA DE PISTOLA HARÁN DESAPARECER TU LIBERTAD

Hablar y no callar. Decir lo que piensas, lo que crees, a quién rezas. Esa es tu libertad. Ceñirte a contentar o a no molestar al resto es limitar tu albedrío, encerrándote en una jaula de prejuicios. «¿Haré mal diciéndole esto a mi novio?», «¿Estaré molestando a mi amiga si le reconozco lo que me ha enfadado?», «¿Estaré siendo una borde si le digo al cajero que se ha equivocado al pasar un producto?». *¡DEJA DE CUESTIONARTE!* Esa voz de sirena que tienes está para que la escuchen.

Te voy a contar un secreto sobre la gente que se pone a la defensiva y se cruza de brazos por cada mínima desaprobación: se sienten atacados porque ni ellos mismos están seguros de si han actuado bien. No quieren que nadie cuestione sus actos, porque saben que no podrán justificarlos. Que su inseguridad no se convierta en la tuya. Sé como Malala, que no se quedó en silencio ni sabiendo que su vida estaba en peligro. No sobrepienses, simplemente actúa, habla, no te calles. Calladita no estás más guapa.

NO HAY BARROTES CAPACES DE ENCERRAR A ESTA DIOSA

Nunca permitas que alguien eche el candado en tu vida. Si algún día te encuentras en la situación de tener una pareja que intenta controlarte y manipularte a su gusto, sal de ahí. Huye. Nadie puede decirte lo que tienes que hacer o no, como tampoco nadie puede obligarte a no llevar o llevar algo puesto. Si te maquillas más o menos o si vas más o menos provocativa, que sea porque lo decides tú. No eres una Barbie, eres una mujer libre. Que tengas el cuerpazo de Barbie es solo una coincidencia.

Nadie puede amenazarte con abandonar la relación si no dejas de relacionarte con alguno de tus amigos. Nadie puede decirte a dónde sí puedes o no puedes ir. Nadie puede obligarte a volver a su lado porque, si no, «se quitará la vida». Nadie puede manipularte, chantajearte emocionalmente, amenazarte o convencerte para que renuncies a tu libertad. Tienes el derecho y la libertad de tener tus propios amigos y amigas, de ir a las fiestas que te apetezca y de hacerlo vestida de monja o con el *outfit* más sexy que exista. Tú y solo tú llevas la corona de tu vida y ¿dónde se ha visto que un plebeyo dé órdenes a una reina?

QUEEN ENERGY

No controlas las reacciones de los demás, pero sí las tuyas. En cuanto sientas que alguien te quita espacio vital y pretende quedarse con tu libertad, le vuelas en *business* fuera de tu vida. ¿Que estabais empezando a salir y prometía ser el hombre de tu vida? Lo siento mucho, pero no ha superado el periodo de prueba. Ya le darás el contrato indefinido a otro que sí se lo gane.

LIBRE PARA SER QUIEN ERES

Que hay cucarachos que solo quieren acercarse a ti para encerrarte en una jaula y quedarse con las llaves lo sabemos todas. Un buen *outfit* para salir de fiesta debe incluir unos zapatos listos para pisotear insectos, pero ojo, que no todos los bichejos vienen del mismo lugar. También hay amigos y amigas tóxicas que te engañan con su dulzura impostada y te clavan una puñalada en cuanto te das la vuelta.

Los amigos tóxicos se creen en la potestad de recriminarte que seas tú misma. Si te liaste con un chico el otro día, que si estás desatada. Si te pasa algo maravilloso, que si tan bueno no será. Si te has puesto un conjunto que te queda fenomenal, que si eso ya no se lleva. Si quedaste el otro día con una amiga que no les cae bien, que si les estás traicionando. No te dejes engañar: nadie es de nadie, ni en pareja, ni en amistades. Eres libre de ser quien eres, y, quien no esté de acuerdo contigo, que se atreva a decírtelo a la cara. Mándales a la mierda y verás como enseguida, con valentía y fuerza, curarás tus heridas y seguirás avanzando en tu lucha por ser nada menos que tú misma.

Nadie te puede prohibir ir al colegio, salir a la calle en *shorts* y *crop top*, maquillarte más o menos, demostrar tu amor en público, liarte con el chico que te gusta, bailar, reírte, disfrutar, vivir. Nadie puede prohibirte algo por ser mujer, porque tu libertad forma parte de tu ADN igual que el *gloss* rojo y el rímel.

GRACIAS A LA VIDA POR HACERME MUJER

Ser mujer es un regalo. Puede que no haya sido fácil a lo largo de la historia, pero a día de hoy debemos dar las gracias a aquellas que lucharon por nuestras libertades y nuestros derechos y a las que siguen peleando hoy en día, como Malala, para que nosotras podamos heredar su reino.

Ser mujer es tener una paleta infinita de colores para expresar quién eres, desde el rojo pasión del perfilador de labios hasta el azul tranquilo de tu top preferido para una tarde de domingo.

Es la danza eterna entre la delicadeza y la fortaleza, la suavidad y la determinación, unas manos que acarician y una mente que jamás se rinde. Es tener la habilidad de convertir tus «tierra trágame» en anécdotas con las que partirse el culo cuando las compartes con tus amigas. Es convertir un conjunto en una declaración de intenciones.

Ser mujer es el privilegio de ser hermana, amiga y madre. Es entender a otras mujeres y buscar consuelo en ellas. Es hacer amigas en el baño de la discoteca. Es dejarte los pulmones gritando en el coche tus canciones favoritas de corazones rotos.

Es llorar, mirarte al espejo y pensar: «Qué guapa estoy llorando, me brillan más los ojos». Es darte un baño y sentirte una sirena. Es verlo todo crudo y, aun así, ser capaz de decirte a ti misma: «Todo irá bien». Es saber que tu voz importa, que nuestras acciones tienen un impacto y nuestra presencia es esencial.

Es convertirte en musa para otras mujeres, inspirarlas y cambiar poco a poco el mundo a mejor. Es tener conciencia de que no estamos limitadas por las expectativas de los demás, sino que somos capaces de soñar a lo grande y alcanzar cualquier objetivo que nos propongamos.

Ser mujer *ES UN ARTE*, una de las mejores sensaciones del mundo. Y todavía más lo es ser mujer y ser libre.

A EL AS EN LA MANGA

Dicen que quien calla, otorga, y yo digo que quien no calla, no otorga. El silencio se puede interpretar como una manera de estar de acuerdo con algo. En ausencia de una negación o una opinión contraria, tus silencios son simples votos en blanco. ¿Vas a dejar que tus silencios hablen por ti? ¿O vas a plantarle cara a la injusticia y vas a romperlos? Nunca te calles, no quieras convertirte en una mujer conveniente.

MANDATO 11

Todo esfuerzo tendrá su recompensa

POR J. K. ROWLING

Sufrir un mínimo de fracaso en la vida es inevitable. Es imposible vivir sin fracasar en algo, a no ser que se viva con tanta precaución que podría decirse entonces que no se ha vivido en absoluto.

J. K. ROWLING

CUANDO TENÍA TRECE AÑOS, mi profesor de matemáticas me dijo delante de toda la clase que solo me servía de mi cara bonita, que nunca llegaría a nada en la vida y que más me valía casarme con un futbolista. Esas palabras me han resonado en la cabeza durante años. Al principio las tomé al pie de la letra y decidí creerme que era una niña tonta y, más tarde, con el paso del tiempo, me di cuenta de que no podía estar más equivocado. No era tonta entonces, ni lo soy ahora. Todo lo contrario. Soy inteligente y por supuesto que he llegado a algo en la vida. *Y LO QUE ME QUEDA.*

Cuando te encuentres con alguien que intente limitarte o te diga que no eres suficiente, le metes una patada en el culo. Sí, aunque seas tú misma. Tú eres la única que vive en tu piel y no tienes que demostrarle nada a nadie. No has de basar tus ambiciones en lo que otro te diga. Si yo lo hubiera hecho y me hubiese quedado con las palabras que me dijo un profe amargado hace nueve años, probablemente habría estado más pendiente de mis fracasos que de mis victorias. No disfrutaría tanto mi vida hoy, porque la habría construido para demostrar que alguien se equivocaba al llamarme tonta, en vez de para demostrarme a mí misma de lo que soy capaz, que es lo realmente importante. No dejes que otra persona decida el rumbo de un camino que es solo tuyo. En mi caso, ponerle un punto en la boca al negligente de mi profesor ha sido una bonita casualidad añadida.

No hay unos parámetros de suficiencia constituidos. Eres lo suficientemente guapa, inteligente, atractiva e increíble para la persona correcta. Aunque no lo creas, lo eres para ese chico que te gusta, y también para ese trabajo, esos estudios o ese viaje que no te atreves a hacer. Si alguien te dice que no, siento decirte que lo único que está dejando claro es que es él quien no cumple los requisitos para entrar en tu vida. No quieras termitas que carcoman tu seguridad y tu energía. Tú has de ser suficiente para ti y cuanto antes empieces a comprenderlo, antes vendrá alguien que te verá tan excelente como eres.

Cuando terminas una relación, uno de los primeros miedos que aparecen es creer que al otro le va a ir mejor. Una hipótesis ridícula que fabrica nuestro ego herido y que a veces incluso provoca que pensemos que ojalá le vaya mal. Piénsalo, ¿de verdad lo quieres? ¿O simplemente no quieres que le vaya mejor que a ti? Me son indiferentes las atrocidades que haya cometido tu expareja —te puedo hacer una larga lista de las que cometieron las mías—; la cuestión está en que, si deseas que le vaya mal, es porque no confías en tus capacidades. Incluso después de cortar con él, estarías centrando tu atención en lo que le pase a él y no en lo que te pase a ti. Y, cariño, te aseguro que si tu vida fuera una serie, él sería el personaje que desaparece y tú la estrella protagonista a la que aún le quedan mil temporadas.

Cuando piensas que tú vas a ser la que sufra, necesitas que a él le vaya peor. Sin embargo, aunque tu ex sea la persona más horrible del mundo y no se merezca que le vaya ni un poquito bien, su futuro es lo último que debería preocuparte. Igual hasta tendrías que desearle suerte en la vida, porque *EL KARMA PEGA MUY FUERTE*, pero, qué lástima, ni te acuerdas de quién es ese cucaracho. ¿Carlos? No te suena. ¿Víctor? Es la primera vez en tu vida que oyes ese nombre y no tienes tiempo para prestarle atención. Tienes que estar ocupada en confiar en tus capacidades sin compararlas con los éxitos o fracasos de los demás. Y mucho menos con los de tu ex.

Vive segura de ti misma, pensando, creyendo y confiando en que te va y te irá muy bien. Aunque te hayan hecho creer lo contrario y no las tengas todas contigo, sigue insistiendo en lo que tú sí sabes hacer y no dejes de visualizar ese trono de empera-triz que está esperando a que llegues. Si alguien debiera llevar un lema con este mensaje, esa es Joanne Rowling, conocida mundialmente como J. K. Rowling, que estaba tan segura de que había escrito un libro que era pura magia que no dejó que nadie la convenciera de lo contrario.

J. K. Rowling nos quiere enseñar a las mujeres a ser valien-tes. A romper con las adversidades. A dejar de verlo todo cru-do y a empezar a verlo hecho. A encender los focos cuando todo se ve negro. A través de su vida y obra, Joanne nos de-muestra la importancia de la perseverancia y la constancia. Su trayectoria es infinitamente inspiradora para cualquiera que ponga las manos en cualquiera de sus libros.

UNA MENTE CON BILLETE AL ÉXITO

Nacida el 31 de julio de 1965 en Yate, Inglaterra, J. K. Rowling tuvo una infancia marcada por la imaginación y el amor por la literatura. Desde pequeña, mostró un interés devoto por la es-critura, creando historias y personajes que, aunque solo existían en su mente y en sus cuadernos, eran los primeros ladrillos de su brillante futuro.

Rowling no nació en una familia adinerada. En realidad, su vida no fue en absoluto sencilla y estuvo llena de dificultades desde bien pronto. Tras la separación de sus padres, tuvo una infancia y adolescencia muy humildes junto a su madre y hermana, pero siempre mantuvo viva su pasión por la lectura y la escritura, dos herramientas que más tarde se convertirían en su cohete al triunfo.

Uno de los capítulos más oscuros de la vida de nuestra escritora de *best seller* fue la pérdida de su madre a causa de la esclerosis múltiple. Este suceso traumático dejó una huella profunda en su persona, porque, además, su madre había sido la única que apoyaba su idea de convertirse en escritora. Fue durante este tiempo de duelo y parálisis financiera cuando Joanne comenzó a desarrollar la idea de su pequeño mago, Harry Potter.

Cuando Joanne se mudó a Portugal para trabajar como profesora de inglés, conoció al periodista Jorge Arantes y se casó con él. Sin embargo, el matrimonio fue turbulento y terminó en divorcio, lo que hizo que Rowling volviera al Reino Unido convertida en madre soltera y tuviera que subsistir a base de ayudas sociales. ¿Crees que eso la hizo darse por vencida en su sueño de dedicarse a la escritura? PARA NADA. Su sueño era ser escritora y eso es lo que iba a hacer. Escribía en cafés de Edimburgo, convencida de que su libro era un futuro éxito, mientras su hija dormía a su lado en un cochecito. La tenacidad y determinación que demostró fueron inauditas.

HARRY POTTER Y LA VUELTA AL MUNDO EN OCHENTA IDIOMAS

La serie de Harry Potter no solo revolucionó la literatura infantil y juvenil, sino que también transformó la vida de nuestra autora. Rowling se enfrentó a numerosas negativas de editoriales antes de que Bloomsbury aceptara publicar su primer libro, *Harry Potter y la piedra filosofal,* en 1997. Lo que siguió fue un éxito sin precedentes: la serie vendió más de quinientos millones de ejemplares en todo el mundo, se tradujo a ochenta idiomas y se adaptó en una saga de películas tan famosa que la única forma de que alguien no la conozca es que haya vivido todos estos años debajo de una piedra.

A través de Harry Potter, nuestra escritora conquistó el corazón de generaciones de lectores y quiso inculcar la importancia de la amistad, el valor, la resistencia y la unión frente a cualquier dificultad. Todos esos temas habían estado profundamente presentes en su trayectoria de vida y Rowling los cogió y los moldeó a su gusto. Con su empeño y su talento, logró convertir el carbón que los obstáculos habían ido dejando en su vida en el diamante más puro.

Rowling no solo utilizó su éxito y riqueza para ampliar su cuenta, que bien se lo merecía, sino que también dedicó gran parte de su fortuna a causas benéficas. Fundó y donó a múltiples organizaciones que apoyan la lucha contra la pobreza, la investigación de la esclerosis múltiple y los derechos de los niños. Además, en el año 2000 creó la Fundación Volant, que ayuda a combatir la desigualdad social en el Reino Unido.

QUIEN LA SIGUE, LA CONSIGUE

Si Joanne hubiera dado su carrera por perdida cuando fue rechazada por varias editoriales, no tendría los miles de millones de dólares que hoy forman su fortuna. Si no hubiera confiado en sí misma y en sus capacidades, no habría perseguido sus sueños hasta acabar vendiendo más de quinientos millones de ejemplares. Si no hubiera trabajado por vencer cada adversidad y levantar siempre la cabeza, no sería una de las escritoras más ricas del mundo. Si no hubiera sido consciente de su valentía y fortaleza frente a cualquier obstáculo, no estaría tan orgullosa de sí misma. Si tú te concienciaras de que eres suficiente en todos y cada uno de los retos que te propongas, podrías ser la nueva J. K. Rowling.

Si tu aspiración en la vida es escribir un libro que venda millones de ejemplares, empieza por escribir el primero. Si quieres ser una cantante reconocida internacionalmente, empieza por pensar tu primera canción, que escucharán solamente tus familiares, amigos y conocidos. Si tu deseo es convertirte en médica, empieza por estudiar el primer examen de la carrera que te tocará hacer. Si tu sueño es ser dueña de una empresa millonaria, antes tendrás que pensar en cómo lograr tus primeras ventas en un mes. Empieza por lo mínimo. Y desde ahí, sin límites, siempre hacia arriba. *SKY IS THE LIMIT, BABE*. Roma no se hizo en un día, y eso no fue un problema para que acabara siendo el mayor imperio del momento. Las cosas no nacen mágicamente, ya lo hemos hablado. Requieren un esfuerzo y un poquito de suerte pero, créeme, tú la tienes.

QUEEN ENERGY

Si crees que estás hecha para algo impresionante, no hagas de tu vida algo mediocre. Tienes un talento y una vocación, así que explótalos y crea tu nuevo universo, como si de un Big Bang se tratara. No te quedes en el «podría haber sido»; hazlo realidad. Convierte tus pensamientos y notas de cuaderno en un *best seller*.

¿ERES SUFICIENTE PARA TI MISMA?

Espero que hayas respondido que sí, porque esta era una pregunta tipo test con solo dos respuestas posibles y sí, la incorrecta resta. Solo hay una buena forma de contestar a esto y es que sí lo eres. Tienes que serlo.

Ser suficiente para ti misma es una obligación, no algo que puedas hacer o no según te apetezca. Es el primer mandato de tu reinado, por encima de cualquier otro. Es igual de importante que ducharte por las mañanas, hacer tres comidas al día o ir al cuarto de baño de manera regular. Es una necesidad primaria. Si llevaras tres días sin dormir, lo más probable es que, además de estar agotada y parecer un zombi, te comportases de una manera irascible, amargada, sin ganas de nada. No serías tú misma, sino una versión de ti que lleva tres días sin dormir. Pues esto es lo mismo: creerte suficiente es dormir ocho horas diarias, sentirte descansada y poder interactuar con el exterior de una forma sana.

La versión de ti misma en la que crees que eres insuficiente no eres tú. Es solo una versión de tu persona, la que no ha comido lo necesario desde hace tres días y se nota baja de ánimos, o la que no se ha duchado desde hace dos y no se siente cómoda. Tú no naces creyendo que no vales para nada, que no eres lo suficientemente guapa, lista, delgada o rica. Todas esas ideas vienen del exterior. No te mires con los ojos con los que imaginas que te ven los demás, no te permitas ser la versión que no se cree suficiente. Mírate con los ojos con los que te vería tu niña interior, porque estoy segura de que te consideraría una supermujer, ni más ni menos que lo que eres. Dale la razón y serás completamente imparable.

DECIR «NO PUEDO CON ESTO» ES AUTOENGAÑARTE

Cuando en tu vida aparece un obstáculo que te parece insuperable, que te hace pensar que todo te viene grande, aparece la resiliencia. Es la voz que te dice que claro que puedes. ¿Qué coño no vas a poder? *PUEDES ABSOLUTAMENTE CON TODO.* Ni crecer sin un padre, un divorcio desastroso, ser madre soltera, la muerte de tu familiar más querido o no creerte suficiente hará que te olvides de tu destino. Nada puede contra ti. Grábatelo porque esa frase es tu primera lección de *Cómo ser una girlboss 101.*

Eso no quiere decir que no vaya a haber cosas que te hagan sufrir o pasar malos ratos. Las circunstancias difíciles de la vida se plantan en tu camino de tanto en tanto para que, irónicamente, subas de nivel. Cuantas más desgracias superes, más mérito y más puntos sumarás. Te tiene que dar igual el *final boss* que te pongan delante, porque tú sabes que ante las adversidades subes como la espuma. La resiliencia es el arte de mandar a la mierda todo lo que se haya creído que puede contigo y acabar pasando por encima de todos los badenes con un todoterreno.

PASO A PASO SE GANAN BATALLAS

Convencerte a ti misma de que no puedes con esto o aquello es mentirte. Es autolimitarte, es debilitarte, es un boicot contra tu fuerza mental. Si hicieras una compra de veinte bolsas en el supermercado, puede que te quedaras mirándolas pensando en cómo vas a poder con todas esas bolsas tú sola. Vamos a ver, ¿quién te ha dicho que tengas que llevar las veinte de una vez? ¿O diez en dos? ¿O cinco en cuatro? Puedes hacerlo de dos en dos; vas a tardar más, va a ser un poco desesperante, sí, pero vas a poder. Claro que puedes.

Tus problemas son bolsas de la compra, con más o menos peso. Algunas dificultades pesan más, son más frágiles o más difíciles de encarar, pero ninguna es imposible de enfrentar. Puedes llegar a tener veinte problemas, en sus diferentes medidas, y podrás con cada uno de ellos, poco a poco, con tiempo, paciencia y esfuerzo. Puedes subir veinte bolsas de la compra y puedes superar veinte mil problemas distintos. Puedes. *Y PUNTO.*

ELLOS TE PIERDEN A TI, Y NO AL REVÉS

Es de mujer sexy, confiada, segura, diva y diosa empoderada sentirse bien con el rechazo. Has de estar cómoda con él, sea del tipo que sea. Cuando alguien no responde de la manera que quieres y tú no te desesperas, no presionas y no te sientes ofendida, pasa una cosa: *tables turn*. Quien ha decidido rechazarte se queda pensando en por qué estás tan tranquila y cómoda después de haber recibido un «no». ¿Y sabes por qué lo estás y lo vas a seguir estando? Porque tienes bien claro que quien te haya rechazado, ya sea un hombre, una amiga, una empresa, una editorial o una discográfica, tenía suerte de que hubieras aparecido y habría tenido aún más si hubiera seguido adelante contigo.

Quienquiera que tenga algún tipo de acceso a tus virtudes es alguien con suerte, y eso no puedes dudarlo. De esta manera, cuando alguien te rechaza, está perdiendo la oportunidad de disfrutar de uno de los regalos más increíbles del mundo: la oportunidad de tenerte como pareja, empleada, amiga... Precisamente por esto se te da genial el rechazo, pues sabes realmente quién está perdiendo la partida. Y ya te digo yo que, teniendo en tus manos una escalera real, esa no vas a ser tú.

LUCKY GIRL SYNDROME

Una vez que hayas alcanzado una relación estupenda con el rechazo, llega la hora de construirte tu propio *lucky girl syndro-*

me. Toca eliminar de tu mente la concepción de la mala suerte. Para ti, que eres una chica afortunada, la mala suerte no existe. Así de sencillo.

Cuando antes te pasaba algo malo y pensabas: «¡Qué mala suerte!», ahora lo sustituirás por: «Todo pasa por algo, y ese algo que me espera es todavía mejor». Una diosa como tú jamás podrá ser gafe; todo lo contrario, tendrá mucha mucha suerte (igual que quienes tengan la fortuna de conocerte). Tu vida cambiará significativamente a mejor en cuanto empieces a adoptar este *mindset* del desapego y del magnetismo. Todo lo que sea para ti y esté destinado a estar en tu vida ocurrirá.

Cuando te aferras a la idea de que algo está fuera de tu control, tu valor se resiente. ¿Qué significa esto? Que, si el resultado no es el que esperabas, acabas asumiendo que vales mucho menos de lo que vales, y solo porque algo no ha salido como tú querías. Tienes que darle la vuelta a esa mentalidad. Si algo no sale como querías es porque no era para ti, ni más ni menos. No estaba destinado a estar en tu vida y hay otra cosa en tu futuro que le dará mil vueltas. Y, al contrario, todo lo que está destinado a pasar, pasará.

Todavía queda un último paso para cumplir el *lucky girl syndrome* y ese es creértelo. Aunque te parezca totalmente irreal, aunque siempre hayas pensado que a ti no te ha tocado la varita mágica, tú eres más que una persona con suerte, eres tu propia suerte. A esta clase de personas me gusta llamarlas «*PERSONAS ESTRELLA*», y te voy a contar un secreto: eres tú quien decide serlo.

QUEEN ENERGY

¿Quién sale en las monedas de cada país? Las caras de quienes los gobiernan. Los reyes y reinas están tan seguros de su valor y de la importancia de su figura que sus caras se convierten en sinónimo de riqueza. Haz tú lo mismo y no dejes que tu valor dependa de circunstancias externas. Tu valía se basa únicamente en ti. Tú la decides, tú la mantienes. No permitas que nada fuera de ti pueda darle forma, ni para bien, ni para mal. Sé abierta a todo y apegada a nada, sé el billete de más valor y deja que los demás se peleen por ti.

TODO LO QUE SEA
PARA TI
Y ESTÉ DESTINADO
A ESTAR EN TU VIDA

OCURRIRÁ.

EL AS EN LA MANGA

Saber que puedes con todo es tu punto de partida; hacerlo es tu meta al final del camino. Recuerda que el *lucky girl syndrome* es una moneda de dos caras: tanto tú eres una chica con suerte como lo es quien tenga la fortuna de tenerte en su vida. No hay rechazo que duela para quien crea su propia suerte, las personas estrella somos la viva imagen del karma y quienes no confiaron en nosotras tendrán tiempo de lamentarlo cuando el universo nos lleve a donde merecemos: al trono.

MANDATO 12

Te prepararás para luchar

POR MARÍA RIBALLO

Solo te necesitas a ti.

MARÍA RIBALLO

NO SOY LA MISMA PERSONA que era hace cinco años, ni hace ocho, como tampoco seré la misma dentro de diez. La vida es un cambio constante de pensamientos, creencias, filosofías, opiniones, sentimientos... Tu forma de ver el mundo puede cambiar a lo largo de los años, pero hay una cosa que creo y moriré creyendo: solo te necesitas a ti misma.

Me he pasado veintiún años de vida pensando que necesitaba a alguien que me protegiera, que me salvara del monstruo de debajo de mi cama, que me arropara entre sus brazos cuando las cosas no iban bien. He creído firmemente que necesitaba protección y seguridad de una figura masculina capaz de salvarme de los demonios de mi habitación. He dependido de exparejas y he sentido que la única manera de poder con todo era que alguien me ayudase a levantar el peso. He dejado de sentirme guapa si alguien no me lo decía. He llorado porque una falda no me quedaba bien. Se me ha helado el cuerpo cuando creía que perdía al hombre al que quería. He suplicado clemencia en relaciones en las que todo iba mal solo por mantener a mi protector cerca. He sentido pánico, ansiedad, náuseas y ganas de que me tragara la tierra. He tenido que forzar mi cuerpo a levantarse de la cama e ir a clase. He tocado el fondo más profundo de este planeta y he querido que todo acabara. He sentido miedo, mucho miedo, y le he cedido el control de mi vida. He hecho cosas de las que no me enorgullezco, y la peor fue hacerme creer a mí misma que no era lo suficientemente fuerte. Menos mal que me equivocaba.

He podido con todo. He podido con mis miedos. He podido protegerme y abatir al monstruo de debajo de mi cama. Me he abrazado a mí misma y me he susurrado que todo iría bien. He hecho desaparecer los demonios de mi habitación. He dependido de mí y he entendido que todo lo demás está fuera de mi control. He podido con mucho mucho peso. Me he mirado al espejo y, aun sin verme favorecida, me he reverenciado. Me he probado un conjunto y me he sentido en una pasarela de modelos. He salido de relaciones que no me aportaban nada porque he perdido el miedo a perder. No he vuelto a suplicar a nadie que se quedara, y he disfrutado viendo cómo se iban.

He sentido alegría, pasión y emoción y he sentido que volaba. Me he levantado de la cama de un salto y he disfrutado cada día la sensación de estar viva. He sentido miedo y lo he mantenido bajo control hasta que se ha desvanecido. He hecho cosas de las que me enorgullezco, y la mejor fue haberme hecho entender a mí misma lo fuerte que soy.

He podido, y he podido sola. La vida te da una armadura hecha a medida y tú tienes que hacer de ella tu mejor *outfit*. Igual no te combina con los Louboutin, pero te queda fantástica. Estás preparada para todo. Venga lo que venga, vas a plantarle cara. No necesitas a nadie.

Eso os quiero enseñar yo, María Riballo, reina de mi vida y todavía sin corona, que están tardando en fabricarla. Tengo veintidós años y más experiencias que un parque de atracciones. No me siento cómoda hablando de mi vida, pero dejar que mis miedos me limiten no está en mi personalidad. Hoy escribo para derribar el miedo a sentirme vulnerable y quiero hacerlo contigo de la mano.

HA NACIDO UNA ESTRELLA

Nací el 9 de enero del 2002, todo gracias a un mal uso del condón, supongo. Aquella mañana, un pequeño sol rubio pollo apareció en el cielo; por supuesto que era yo. Desde pequeña fui toda una estrella del cine, de la música, del baile y la comedia, y me dedicaba a entretener a mis familiares siempre que tenía ocasión. También escribía poemas, canciones, historias y pintaba cuadros con mi abuela. Era una niña todoterreno del arte.

Mis padres siempre me adoraron, NORMAL. Tengo que decir que yo a ellos también; la verdad es que toda mi majestuosidad tenía que haber salido de alguna parte y hay que reconocer que mis padres eran buen material. Lo único que detestaban de mí es lo mucho que me gustaba fastidiar a mi hermano. Bueno, eso y que era un poco caprichosa, pero cómo no serlo si sabía que tenía un estilo impecable al que debía sacar partido. Un gran poder conlleva una gran responsabilidad, ¿sabes? Desde los vestidos de las mismísimas princesas Disney hasta los *outfits* más icónicos de Paris Hilton, no me dejaba nada por probar. Era una niña virtuosa, agradable, carismática, alegre, guapa, graciosa y estilosa. De verdad que me gustaría poder nombrar algún mal atributo, pero es que NO LO HABÍA.

SOLO TÚ SABES LO LISTA QUE ERES

Cuando empecé el instituto muchas cosas en mi vida cambiaron, entre ellas mi cuerpo. Empecé a desarrollar una figura de *Victoria's Secret angel* que a día de hoy todavía no me explico cómo les pudo pasar desapercibida a los cazatalentos. En fin, ellos se lo perdieron. Puede que físicamente fuera un ángel, pero en lo académico estaba lejos de ser una alumna estrella. Me costaba muchísimo prestar atención en clase y prefería hablar de chicos con mis amigas. Muchos profesores me tenían manía y muchas profesoras envidia, imagino que era todo culpa de mi rubio natural. Más adelante descubrí que suscitar rabia a nuestro alrededor es algo con lo que a todas las rubias nos toca lidiar.

A mis padres no les quitaba el sueño mi expediente académico. Mi madre, mi padre y mi hermano nacieron superdotados, cada uno con un coeficiente intelectual muy superior a la media, y luego estaba yo, que, en vez de ser superdotada, era superguapa. Durante mi estancia en el instituto, algunos profesores decidieron hacerme creer que era tonta perdida, lo cual, SPOILER ALERT, por supuesto no era el caso. Tenía trastorno de déficit de atención, solo que ni ellos ni yo lo sabíamos en ese momento, y ellos prefirieron colgarme la etiqueta de tonta. Cariño, las únicas etiquetas que a mí me gustan llevan escrito Prada.

Muchos años más tarde, cuando terminé bachillerato, hice varias pruebas de inteligencia y resultó que mis resultados eran superiores a la media. Llegué incluso a sospechar que era la mismísima reencarnación de Albert Einstein. $E = mc^2$ era así, ¿no? Siempre se me olvida.

LAS PEORES BATALLAS VAN A LAS MEJORES GUERRERAS

Cuando yo tenía doce años, mis padres se separaron. Puedo decir de manera muy honesta que ni siquiera sé si me llegó a afectar, porque en cuestión de un año y poco, mi padre falleció de un día para otro. Su ausencia marcaría el resto de mi vida.

Yo adoraba a mi padre. Todo el carisma que tengo se lo debo a él. Su manera de animarme siempre, de hacerme sentir una princesa, de enseñarme a no conformarme, a hacer las cosas bien o no hacerlas, a acabar todo lo que me propongo, a quererme y a mimarme me han hecho la mujer que soy. Sé que estaría tremendamente orgulloso de su princesa si la viera ahora.

Mi vida cambió por completo desde que mi padre murió. A dos días de mi decimocuarto cumpleaños, el universo me había hecho el peor regalo. Ya no tenía a quién me protegiese y me acogiese en su cama cuando me embestía el miedo. Tuve que aceptar que mi padre nunca regresaría y que jamás volvería a sentir cómo era estar entre sus brazos.

Apenas recuerdo los dos siguientes años, imagino que debido al shock que sufrí a causa de esta pérdida. Empecé a faltar al colegio, levantarme de la cama era un mundo y atender en clase se me hacía el doble de difícil. Cuando llegaba a casa, bajaba las persianas de mi habitación y me metía en la cama a llorar. Entré en una especie de depresión que no comprendía muy bien, y créeme que no es fácil gestionar tanta desgracia siendo adolescente. El mundo me pesaba y comencé a rebelarme. Gracias a Dios no duró mucho tiempo.

COGER LAS OPORTUNIDADES AL VUELO

En 2017 me fui un año de intercambio a Estados Unidos. Es la mejor decisión que pudo tomar mi madre y se lo agradeceré toda la vida. Maduré todavía más y comencé a poner cada cosa en su lugar. La María loca se había quedado en España y ahora tenía que ser una María responsable e independiente que supiera moverse fuera de su zona de confort. Mi experiencia se puede resumir en un sentimiento: soledad. Mi familia estadounidense fue un encanto conmigo, pero yo no podía evitar sentir que no tenía a nadie. Verlo así puede dar pena, pero a mí me sirvió para aprender a estar sola, en todos los sentidos.

Cuando volví a España, lo único que había cambiado era yo, y no me pude alegrar más. Había aprendido a mandar a la mierda todo lo que no concordase con mis valores. Una por una, salieron *out of the door* amigas hipócritas, chicos que solo buscaban utilizarme, hábitos perjudiciales... No me temblaba el pulso en absoluto a la hora de presentarle la puerta a todo lo que perturbase mi paz mental.

QUEEN ENERGY

Aprovecha tus momentos fuertes para hacer una limpieza de armario en todos los ámbitos de tu vida. ¿De verdad quieres tener guardado ese accesorio que no te sienta bien, te provoca inseguridad y, *honestly dear*, está más que pasado de moda? Quédate solo con lo que te favorezca y te hace sentir guapa, divina y fuerte como perra empoderada. Esta temporada se lleva la *queen energy*.

En esa época de revolución y de aprender a quererme y priorizarme brotaron las raíces de la María que lees hoy. La María que dibuja límites como si de flores se tratara y que no tiene NINGÚN MIEDO de invitarte a su jardín.

LA PEOR ETAPA DE MI VIDA

Cuando empecé bachillerato, toda la ansiedad que no había sacado de mí misma durante los años anteriores empezó a multiplicarse. Desarrollé agorafobia, trastorno de pánico, trastorno obsesivo compulsivo y mucha mucha ansiedad. Qué quieres que te diga, puestos a tener algo, opté por tenerlo todo. Ya te he dicho antes que mi único vicio era ser un poco caprichosa.

Me daba miedo salir de casa, me daba miedo pisar el colegio y me daba miedo estar en una terraza tomando algo con mis amigas porque cada segundo que respiraba sentía que me estaba muriendo. Le cogí tanto miedo a la muerte que llegué incluso a desear que apareciera para sacarme de tanto sufrimiento. Vivía dentro de una película de miedo, una pesadilla constante. Cada día que transcurría me alejaba más de la realidad y me internaba en la ficción. Veía peligros donde no existían, salía cada vez menos de casa y notaba que la única manera de viajar en metro o acercarme a un balcón sin creer que iba a tirarme de él era tomarme cuatro copas. Cuanto más anulaba mi capacidad de razonamiento, mejor me sentía. Beber se convirtió en una tirita estúpida y temporal, que, además, provocaba que la ansiedad y el pánico del día siguiente se multiplicaran por diez.

Ahora veo que aquellos días no estaba cuidándome en absoluto. Tampoco sabía cómo hacerlo, así que, en vez de ingeniármelas y quererme a mí misma o pedir ayuda, decidí que mi felicidad dependiera única y exclusivamente de mi relación de pareja. Ya, ya, soy consciente de que llevo todas estas páginas repitiéndote que lo más importante es quererse a una misma, pero todo héroe necesita su periodo de crecimiento, ¿no? Ese traje de *superwoman* que tan bien te queda empieza a tejerse en los momentos más duros. El caso es que yo nunca quise preocupar a mi familia o amigas y rara vez le confesaba a alguien que estaba realmente mal, ni siquiera a mi pareja.

Mi estado de ánimo dependía de cómo estuviera en mi relación. Si estaba bien con mi novio, todo iba un poco mejor; si estaba mal con él, el mundo se me acababa. Si mi novio estaba en mi vida, el agua nunca me llegaba al cuello; si desaparecía, el agua superaba mi estatura y me ahogaba. Si mi novio me quería, ya tenía una razón para seguir viviendo; si dejaba de quererme, o si yo pensaba que eso estaba pasando, me quería morir. No veía la luz si no me alumbraba alguien más.

ERES TU PROPIA META Y TU PROPIO CAMINO

Tras dos terribles años de bachillerato que todavía no sé cómo conseguí aprobar, no fui capaz de ir a la graduación; tenía miedo de que la ansiedad me hiciera desmayarme en medio del salón de actos. Me quedé en un bar con mis amigas bebiendo copas, celebrando que ya no tendría que obligarme a levantarme de la cama cuando lo que yo quería era que me tragaran las sábanas.

Después del instituto, empecé la carrera de Derecho y me centré en estudiar. Cuánto más estudiaba y más llenaba mi agenda, menos tiempo tenía para pensar y más sentía que había un propósito que me impulsaba. Saqué muy buenas notas en el primer año de carrera y también empecé a trabajar aquí y allá. Cuando todo parecía ir bien, noté cómo mi relación de pareja empezaba a desvanecerse. El amor de mi vida, el hombre con el que creía que me iba a casar, mi salvador, el único lugar donde me sentía segura y protegida, ya no era ninguna de esas cosas. Había estado tan engañada otorgando mi bienestar mental a estímulos externos que ya nada valía. No quedaba absolutamente nada que me hiciera un poquito más feliz. ¿Por qué? Pues porque tenía que encontrar esa felicidad dentro de mí misma.

Dejé mi relación de cuatro años y sentí cómo se me partía el alma a pedazos otra vez. Pasaban los días y seguía llorando desde que abría los ojos al despertarme hasta que me iba a dormir. Sentía que una parte de mí había desaparecido, y resultaba que yo se la había regalado. Mi felicidad había dependido exclusivamente de él y yo lo había decidido así. Fue la primera vez en mi vida que tuve que decirme a mí misma que *TODO IRÍA BIEN*, y volví a terapia.

MI VIDA, MI REINADO

La mejor decisión que había tomado en mi vida hasta ese momento fue dejar la relación. Al armarme de valor y dejar a un lado todo aquello en lo que había basado mi felicidad hasta aquel momento, llegó la hora de conocerla por mí misma. Pasé unos meses complicados, pero todo empezó a ir a mejor. Volví a notar en mí las ganas de ilusionarme por cualquier cosa. Por ver el mar, por estar con mis amigas y sentirlas cerca, por comer con mi familia… Estaba recuperando el placer de hacer cosas que durante mucho tiempo habían sido impensables, como acercarme sobria a un balcón y no tener miedo, hacer viajes sola sin sentir que podía perder la consciencia o pasear por la calle sin alguien de confianza a mi lado. Poco a poco, el miedo y la ansiedad dejaron de poder doblegarme. Mi brillo cada vez era más fuerte.

Después de la ruptura creí que nunca volvería a ver la luz. No tenía ni idea de que en el futuro no tendría que verla, sino sentirla, porque la luz estaba dentro de mí misma e iba a brillar por cada poro de mi piel. Pasé de ser una adolescente, desprotegida y dormida, a abrir los ojos y convertirme *EN LA MUJER QUE SOY*. Dejé de depender de la figura de un hombre para tomar yo misma las riendas, y no te puedo explicar qué sensación tan maravillosa. Había comenzado mi nueva vida, mi reinado.

UN BUEN CORAZÓN BRILLA CON LUZ PROPIA

Por pecar de buena durante toda mi adolescencia, en muchas ocasiones acabé siendo tonta. De todo lo que me puede pasar, *honestly*, eso no me molesta en absoluto, porque quien es bueno de corazón nunca es realmente tonto. Me costó entenderlo; durante mucho tiempo no toleraba que me trataran de tonta, que pudieran engañarme, hasta que comprendí que quien se cree el más listo siempre es el más tonto y quien parece tonto es el más listo. Lo que a mí me pasaba es que tenía un gran corazón, y el problema no era mío por tenerlo, sino del que abusara de él. No hay persona más tonta que la que encuentra una joya y no sabe valorarla.

QUEEN ENERGY

Utiliza tu buen corazón y hazlo sin miedo. Haz las cosas sintiéndolas, confía en el bien, cree en el amor. No pierdas tu esencia porque alguien te defraude, no reprimas tu cariño porque una persona se aproveche de ti. No es cuestión de no confiar en nadie ni de sentir que todos están tramando cosas a tus espaldas. Sé inteligente, no enseñes tus cartas. Tu voz interior te dirá quién merece disfrutar de tu compañía y quién no. Que los que no la merecen no te hagan perder la confianza en los que sí. Confía plenamente en tu intuición. No te encierres en una burbuja; todo lo bueno que te espera no cabe dentro de esas paredes.

NO HAY PERSONA
MÁS TONTA
QUE LA QUE ENCUENTRA
UNA JOYA
Y NO SABE

VALORARLA.

Cuando ya aprendes a barajar tus cartas te vuelves una experta en poner límites. Cuidar tu corazón no es cuestión de ser buena o mala, la *cool girl* o la *bad bitch*, es cuestión de ser tú misma al cien por cien y de no dudar cuando toca poner límites. Una chica buena que sabe decir «hasta aquí» es una chica buena con las cosas muy claras. Una chica que no quiere aparentar ser buena, pero no es capaz de ser congruente con sus límites no tiene ningún tipo de veracidad.

La primera que tiene que respetar tus límites eres tú misma. O te los crees o se los lleva el viento. Si hay algo que no toleras, no lo toleres, ni lo mediotoleres. *PUNTO.*

TU INTUICIÓN, LA MEJOR ALIADA

¿Cuántas veces te ha pasado que alguien te ha engañado mostrándote solo su mejor versión? Pasa a menudo, sobre todo si hablamos de citas y relaciones. Un día crees que has encontrado al mejor candidato para tener una relación, que por fin puedes colgar el cartel de *We're done!* en los *castings* y despedir a esa larga fila de pretendientes que querrían tener la oportunidad de estar a tu lado y, de repente, empiezas a ver las grietas. Comienzas a descubrir facetas que te incomodan o te disgustan en el que se supone que era un caballero de los pies a la cabeza, pero, como eres magnánima y diplomática, decides seguir conociendo a esta persona dentro de la relación de pareja. Al fin y al cabo, no tiene que gustarte todo de alguien; nadie es perfecto, ¿verdad?

Todo esto está muy bien y es muy de diva ser así de cordial y majestuosa, pero, cariño, llega un momento en que tienes que decir «basta». Si empiezas a sentirte incómoda contigo misma cuando estás con esta persona, es porque tu cuerpo te está pidiendo tregua. Si comienzas a ver actos que son faltas de respeto, es tu conciencia diciéndote que esta situación no es para ti. Si sientes que tu corazón se encoge a la hora de comunicar cómo te sientes cuando estás con él, tu intuición te está gritando que salgas de ahí. Cualquiera de estas tres primeras señales ya te está indicando que no es el camino. Marca un límite, abre una bifurcación y sigue recorriendo sola ese nuevo camino. Mientras mantengas sintonizada la radio de tu intuición, es *IMPOSIBLE* que te pierdas.

EN TU PELÍCULA MANDAS TÚ

La única persona que es capaz de convencerte de cualquier cosa eres tú. Si quieres creer que eres débil, podrás convencerte de que lo eres. Si quieres creer todo lo contrario, levantarás toneladas con un meñique. Eres capaz de superar lo que se te venga encima, y esto no te lo digo yo, te lo tienes que decir tú frente al espejo. Mientras seas hábil y sepas reconocer lo maravillosa que eres, será un clásico *game over* para quien quiera tratar de anularte. Tienes el poder de crearte, de reinventarte, de aumentar tus virtudes y aplacar tus miedos. Tienes el poder de ti misma, de tu vida y de tu reinado. También tienes el poder de mandar a la mierda; utilízalo más de lo que ya lo haces.

La vida hay que abrazarla y, sobre todo, DISFRUTARLA. Tienes solo una vida, ¿de verdad pretendes malgastarla preocupándote de encontrar el amor de tu vida o la validación externa? ¿De verdad crees que un producto de lujo como es tu existencia merece estar controlado por tus miedos? ¿De verdad piensas que una diosa como tú tiene que estar buscando refugio y protección, en lugar de avanzar por donde ella quiera y levantar imperios? Vive tu vida de la manera en que respiras hoy, tal y como eres hoy, con las cosas que tienes hoy y la gente que te acompaña. Todo esto podría dejar de existir de un momento a otro, y tú habrías estado preocupándote por pasado mañana.

TODO IRÁ BIEN

No sé cuántas veces habré necesitado escuchar de alguien «todo irá bien». Si no te lo dice otro, es como si tú no pudieras creerlo. Necesitas que alguien crea por ti, porque no eres capaz de hacerlo tú misma. ¿Y si lo fueras? ¿Y si fueras capaz de consolarte, abrazarte, quererte y susurrarte a ti misma que todo irá bien? *Wait a second...* Mira por dónde, lo eres.

Basta de depositar nuestro corazón en cajones ajenos. Basta de otorgar nuestra felicidad a nuestras parejas. Basta de tener que depender siempre de alguien para confiar en tus capacidades. Basta de necesitar palabras de otras bocas para consolarnos.

No deposites, no otorgues, no dependas. No necesitas una pareja, solo a ti.

MI REINO ACTUAL

Mi vida ahora es maravillosa. Confío en mí, creo en mis capacidades y sé perfectamente cómo soy porque me doy el tiempo necesario para charlar conmigo misma y conocerme cada día un poquito más.

Me quiero, me cuido, me valoro y me protejo. Disfruto del momento, confío en el camino y ya no vivo pensando en tres meses por adelantado. Estoy soltera, no necesito que nadie me haga sentir segura. Estoy en la flor de la vida, tengo un trabajo estable que me encanta, unas amigas increíbles, una comunidad fascinante y una familia por la que daría la vida. Valoro lo que tengo, valoro mi personalidad, valoro la manera en la que quiero, valoro mi criterio, valoro mis límites, valoro mi carácter y valoro mi vida. Ahí está la clave, en valorar(te) y agradecer(te).

Le doy las gracias a la María de cinco años por haber creado aquel monstruo. Si no hubiera sido por ella, la María de veintidós años no habría desarrollado la fuerza que tiene hoy para derrotarlo, a él y a todo el que venga detrás.

MARÍA **RIBALLO**

A **EL AS** EN LA MANGA

Eres tú. Tú eres el as en la manga. Eres la mejor carta de la baraja y puedes contra cualquier otra.